Mathematics Basic Principles

초등학교 교사를 위한

수학 입문

Mathematics Basic Principles

KYOWOO

머리말

우리는 수학교육의 내실화를 위하여 교육과정을 개정하고, 이에 따른 교과서의 개편 및 지도법의 개선 등 일련의 노력을 거듭하여 왔다. 그러나 이러한 노력에도 불구하고 학생들의 수학을 기피하는 사회적 현상은 줄어들지 않고 있다. 결국 이런 사회적 현상은 이러한 환경 속에서 수학을 배운 예비 초등학교 교사의 수학을 보는 관점에 많은 부정적인 영향을 주고 다시 이로부터 학생들에게 수학을 기피하는 현상을 초래하는 악순환이 일어난다. 따라서 대학에서 수학 기피현상을 줄여줄 수 있는 적절한 수학교육의 역할이 필요하다. 특히, 예비 초등학교 교사 양성이 목적인 교육대학에서는 거의 유일하게 순수 수학을 경험할 수 있는 과목이 교양수학이고 이에 따라 교양수학의 역할이 매우 중요하다. 여기서 예비 초등학교 교사에게 필요한 교양수학에 담아야 할 수학적인 내용 및 그 수준은 어느 정도여야 하는가? 라는 어려운 문제가 있으며 이에 부합하는 수학교재의 개발은 미흡한 실정이다.

이 책은 어느 정도의 수학적 내용과 수학적 형식에 관심을 필요로 하는 대학생을 위한 현대수학의 기초이론서로 중등과정에서 배운 수학의 일반화정도의 내용을 기본으로, 수학의 언어인 명제와 추론, 관계, 함수, 기초적인 집합론, 자연수, 정수 및 유리수의 구성 등에 대한 기본적인 개념이나 성질을 논의하였다.

제 1장에서는 수학을 학습하는 과정에서 나타날 수 있는 몇몇 수학적 사고에 대하여 알아본다.

제 2장에서는 수학의 세계에서 기본적인 언어인 명제와 관련된 기본적인 내용을 배우고, 논증에 필요한 간단한 추론 양식과 수학적 증명에서

흔히 접하는 모순에 의한 증명법인 배리법(귀류법)의 구조를 살펴본다.

제 3장에서는 일상이나 수학적인 논의에서 흔히 나타나는 현상을 형식화한 구조인 관계(relation)에 대해서 살펴본다. 실제로, 관계는 수학적인 논의의 출발이라고 할 수 있다.

제 4장에서는 현대수학의 가장 근본적인 바탕인 함수를 배운다. 이 장에서 다루는 함수의 정의는 관계의 특수한 경우로 도입되며, 이는 함수의 발생적 측면에서 보면 가장 나중에 구조화된 것이다. 또한 이 장에서는 수학이론 전개에 중요한 역할을 하는 단사함수, 전사함수, 전단사함수의 기본적인 개념을 살펴본다.

제 5장에서는 집합대수의 무한으로의 확장과 관련된 기본적인 내용을 배운다. 그리고 수학에서 매우 중요한 개념인 동치관계와 분할의 일대일 대응관계를 살펴본다.

제 6장에서는 집합론 발생의 근원인 무한 개념을 기수의 관점에서 살펴본다. 또한 수학에서 흔히 나타나는 중요한 구조인 순서의 기본적인 개념을 배운다.

마지막 장인 제 7장에서는 수체계와 관련된 내용을 배운다. 구체적으로, 자연수, 정수, 그리고 유리수의 체계의 구성과 관련된 내용을 중심으로 배운다. 각 구조를 정의하는 방법은 현대수학에서 자주 사용하는 외연적 정의 방법을 따르고 있다. 먼저, 자연수를 기수적인 관점과 순서적인 관점으로 정의하고, 이로 부터 두 자연수집합의 곱집합에서의 동치류로써 정수를 정의한다. 그 후에, 두 정수집합의 곱집합에서의 동치류로써 유리수를 정의한다. 또한 이 장에서는 정수의 기본적이고 중요한 성질을 배운다.

끝으로, 이 책은 주로 집합론을 바탕으로 내용을 구성한 현대수학의 기본적인 단면을 보여주고 있다. 따라서 이 책을 학습할 때 어려운 증명은 필요에 따라 생략하고, 크게 현대수학의 전개양식과 수학의 특성 및 사고 양식을 중심으로 살펴보아도 무방하다. 또한 각 장의 마지막 부분에 각 장과 연관된 읽기 자료를 두어 수학과 관련된 이해의 폭을 넓히고자 하였다.

미비한 점 또는 추가해야 할 내용 등은 차후에 보완할 것을 다짐하며

기탄없는 조언을 바라마지 않는다. 끝으로, 출간을 허락하여 주신 도서출판 교우사에 감사를 표하는 바이다.

2017년 2월

저 자

차 례

제 1 장

수학적 사고

이 장에서는 수학을 학습하는 과정에서 자주 나타나는 기본적인 수학적 사고에 대하여 알아본다.

1 추상화의 사고

사물의 전체 표상(表象)을 구성하는 여러 가지 특징, 속성 및 관계 중에서 몇 개를 떼어내어 그것만을 본질적인 것으로 독립시켜 사고의 대상으로 삼으려는 정신 작용을 추상(抽象, abstraction)이라 한다. 이때 다른 특징, 속성 및 관계는 사고의 대상에서 제외된다.

인식 과정에서 추상은 어떤 사물의 특징, 속성 및 관계 등 감각에 의해 주어지는 개별적 또는 구체적 인식 자료를 가공하여 일반적 개념 및 판단을 형성하는 것을 말한다. 따라서 추상은 가장 넓은 의미로는 모든 개념 및 판단이 성립하는 기초적 사고 과정이다.[1] 즉, 어떤 개념을 가지는 집합(개념의 외연)을 고정시키고 사고의 대상이 되는 특성(개념의 내포)을 명확히 하려고 할 때 작동하는 사고이다. 이러한 사고 과정에는 제거하려는 생각, 이상화하려는 생각, 구체화하려는 생각 또한 조건을 명확히 하려는 생각 등이 포함된다. 예를 들어, 그림 1.1과 같은 여러 가지

[1] http://preview.britannica.co.kr/

사물에서 비본질적인 속성인 크기, 재질, 색깔, 무게, 용도 등은 제거하고 공통 속성인 '네모모양'만을 사고의 대상으로 삼는다.

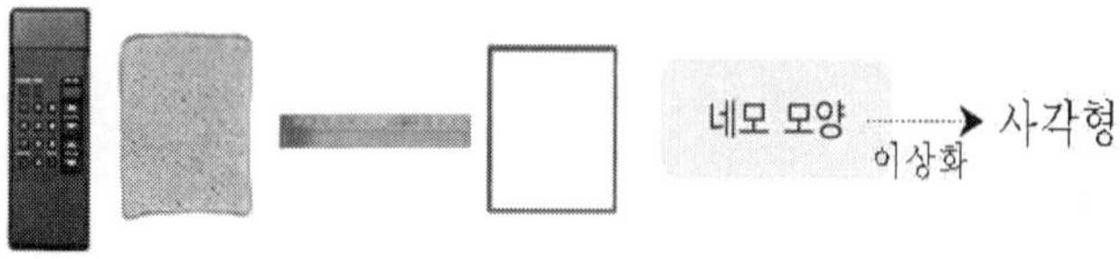

그림 1.1: 추상화

예제 1.1 다음은 도형의 도입과 관련된 추상화의 사고를 나타내고 있다.

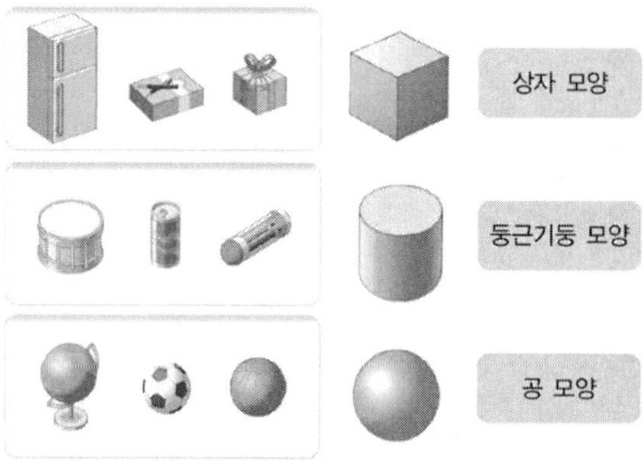

예제 1.2 현재는 러시아에 속해있지만 그 때 당시에는 독일 영토였던 쾨니히스베르크라는 마을을 가로질러 흐르고 있는 프레겔 강에는 아래의 그림과 같은 모양으로 7개의 다리가 놓여있었습니다.

육지의 어느 한 지점에서 출발하여 7개의 다리를 꼭 한 번씩만 건너서 원래의 출발점으로 돌아오는 산책이 가능할까요? 이것이 유명한 「쾨니히스베르크의 다리문제」로 1736년에 수학자 오일러(Euler)에 의하여 해결되었습니다.

http://ko.wikipedia.org/wiki/쾨니히스베르크의_다리_문제

그림 1.2는 쾨니히스베르크의 다리문제를 추상화하여 그래프로 표현한 것인데, 지역이나 다리의 크기와 아름다움 같은 비본질적인 속성은 제거하고 단지 각 지역 간의 다리를 통한 연결 상태만을 본질적인 속성으로 추상화한 것이다.

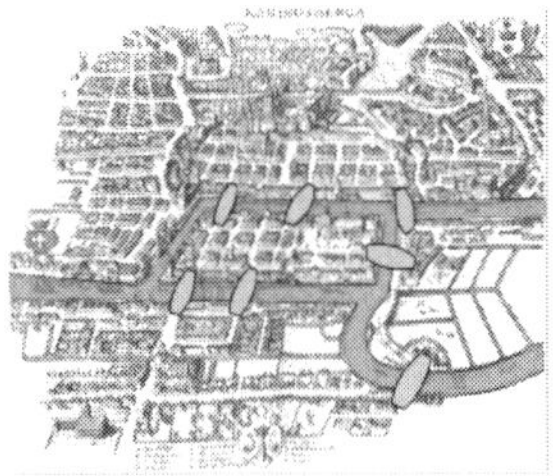

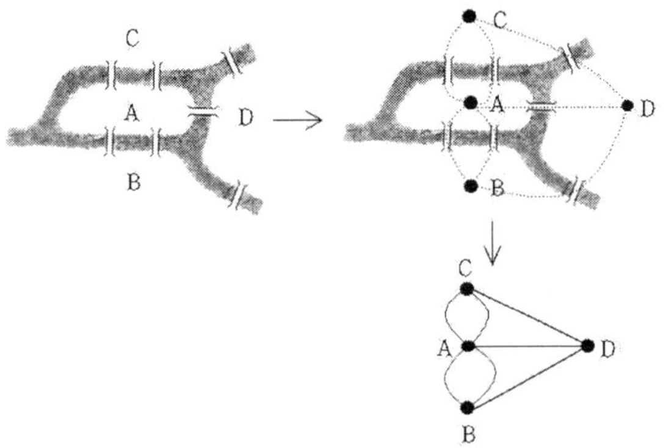

그림 1.2: 쾨니히스베르크의 다리문제

예제 1.3 다음 구조들의 공통점을 추출하여 대수적 구조를 만들어라.

(1) $(\mathbb{Z}, +)$

(2) $(\mathbb{Q} \setminus \{0\}, \times)$

(3) $\left(\left\{\begin{bmatrix} a & b \\ c & d \end{bmatrix} : a, b, c, d \in \mathbb{R}, ad - bc \neq 0\right\}, \cdot\right)$ 여기서 이항연산 $\cdot$는 행렬곱을 나타낸다.

(4) 정삼각형이 아닌 직사각형의 강체운동(rigid motion)으로부터 나타나는 대수적인 구조

(5) 다음의 활동에서 나타나는 수학적 구조[2]

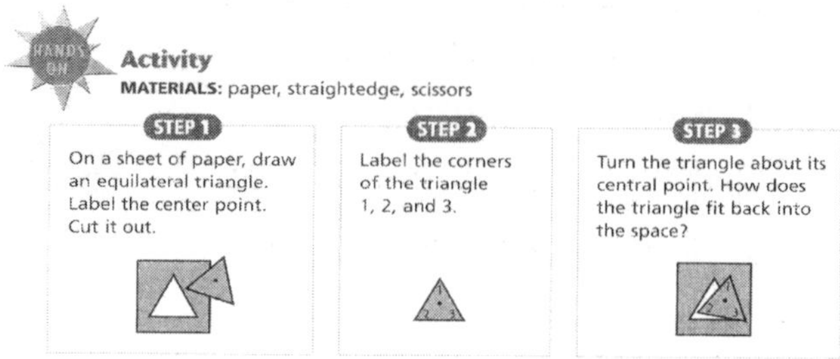

2 귀납적 사고

귀납적 사고(inductive thinking)란 몇몇 자료를 관찰이나 실험을 통하여 수집한 후 공통되는 패턴이나 성질을 알아내어 이것을 바탕으로 이론화하려는 사고방법이다. 그림 1.3과 같이 Bottom-up 접근방식[3]의 사고방법으로 볼 수 있다.

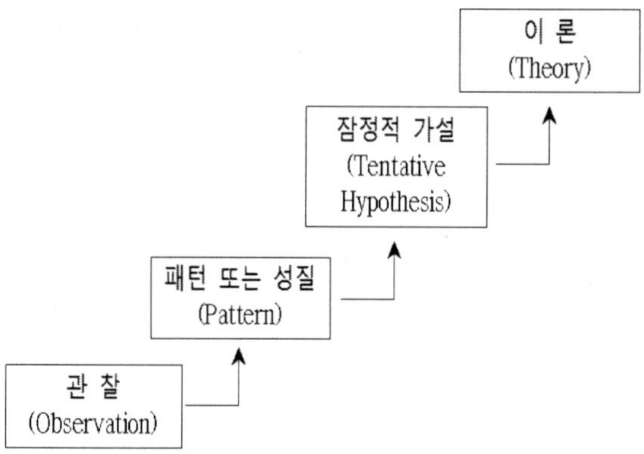

그림 1.3: Bottom-up 접근방식

[2] Evan M. Maletsky et al. (2002). Harcourt Math (Math-Grade 4), Harcourt, Inc.

[3] http://www.socialresearchmethods.net/kb/dedind.php, Deduction and Induction, Research Methods Knowledge Base

아동이 몇 개의 뺄셈 활동을 관찰 후 작은 수에서 큰 수를 뺄 수 없다는 성질을 찾아내어 작은 수에서 큰 수를 뺄 수 없다는 잠정적인 가설을 세우고 더 많은 수의 뺄셈을 확인해서 '작은 수에서 큰 수를 뺄 수 없다' 라는 이론을 만드는 과정이 귀납적 사고이다. 많은 과학적인 이론들은 귀납적 사고를 통하여 탄생된다. 하지만 위의 예에서처럼 귀납적 사고를 바탕으로 하는 귀납적 추론에는 항상 오류의 가능성이 있다.

일반적으로, 귀납적 사고에 의한 추론은 개연성을 띤 가정이나 잠정적인 가설에 불과하다. 따라서 귀납적 추론의 지도에서는 성급한 일반화를 조심하고, 결론은 정당화 또는 반증되어야 함을 인식하게 할 필요성이 있다. 그러나 귀납적 추론이 오류인 결론에 이르게 할 수 있다는 점 때문에 수학학습에 있어 귀납적 사고에 의한 추론의 활용을 등한시한다면 새로운 수학적 발견을 어렵게 할 수 있다는 점도 항상 유념해야 한다.

예제 1.4 자은이의 학교는 5학년이 모두 열 반 인데, 반별로 축구 대회를 열기로 하였다. 각 반은 모든 반과 한 번씩 축구 경기를 하기로 하였다. 모두 몇 번의 경기를 해야 되는지 알아보시오.

예제 1.5 [4] 한 변의 길이가 1인 정삼각형의 변과 변을 이어 붙여가면서 여러 가지 평면도형을 만들고, 둘레의 길이를 구하는 활동을 한다. 어떤 학생이 다음 그림과 같이 도형을 몇 개 만든 후

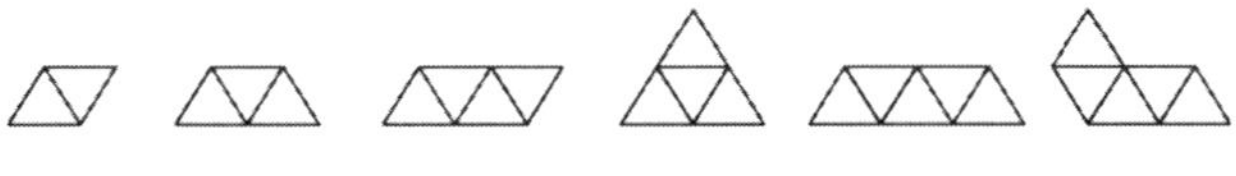

관찰을 통해서 규칙을 찾아 "둘레의 길이는 (정삼각형의 개수) + 2 와 같다"는 가설을 세우고, 아래와 같은 몇 개의 도형을 더 만들어 본 후

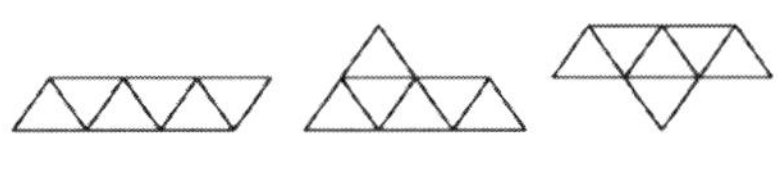

[4] 2013학년도 공립 초등학교 교사 임용후보자 선정경쟁시험에서 참조함

한 변의 길이가 1인 정삼각형의 변과 변을 이어 붙이는 활동에서 “둘레의 길이는 (정삼각형의 개수) + 2와 같다”라는 이론을 만들었다. 이 학생이 만든 이론에 오류가 있는가?

3 연역적 사고

연역적 사고(deductive thinking)란 하나 또는 몇 개의 일반적인 명제(전제)로부터 논리적으로 필연적인 결론에 도달하는 사고방법이다. 연역적 사고를 바탕으로 하는 연역적 추론은 전제들과 결론으로 연결되어 있다. 만일 모든 전제가 참이고 연역적 논리의 규칙을 따른다면 이로부터 도달된 결론은 필연적으로 참이다. 좁은 의미로서의 연역적 사고는 귀납적 사고(bottom-up 논리)와는 반대로 일반적인 주장으로부터 특수한 주장으로 나아가는 사고방식이다. 이러한 점에서 연역적 사고는 top-down 접근방식의 사고방법으로 볼 수 있다. 예를 들어, ‘모든 남자는 죽어야 할 운명이다.’ ‘소크라테스는 남자다.’ 따라서 ‘소크라테스는 죽어야할 운명이다.‘

연역적 추론에는 두 가지의 기본법칙이 있다. 하나는 전건긍정법(前件肯定法, Law of Detachment)

$$\begin{array}{l} p \to q \\ \underline{p \qquad\quad} \\ \therefore \quad q \end{array}$$

이고, 또 다른 하나는 가언삼단논법(假言三段論法, Law of Syllogism)이다.

$$\begin{array}{r} p \to q \\ \underline{\quad q \to r} \\ \therefore\ p \to r \end{array}$$

예제 1.6 삼각형의 내각의 합이 왜 180도라고 생각하는가?

[풀이] 유클리드 기하에서 동위각과 엇각이 같다는 일반적인 명제를 삼각형이라는 특수한 경우에 적용한다. 초등학생의 경우에는 이유를 엄밀하게 추론할 수 없다. 세 각을 재어 더하거나 또는 오려서 붙여 삼각형의 내각의 합이 180도인 이유를 설명한다. 이러한 조작 활동에 근거한 설명은 초등학생 수준에서의 연역적 사고에 의한 해결로 볼 수 있다. 7차 교육과정의 초등수학 교과서에서의 "왜 그렇게 생각합니까?"라는 발문이 어느 정도의 연역적 사고를 유도하고 있다고 볼 수 있다.

예제 1.7 연속함수 $f : [0,1] \to [0,1]$는 항상 고정점을 가진다. 즉, $f(x_0) = x_0$인 x_0이 존재한다.

[풀이] 먼저, $f(0) = 0$ 또는 $f(1) = 1$인 경우에는 성립한다. 이제, $f(0) \neq 0$이고 $f(1) \neq 1$인 경우를 생각하자. 대응 $g : [0,1] \to \mathbb{R}$을 $g(x) = x - f(x)$로 정의하자. 그러면 g는 잘 정의된 연속함수가 된다.[5] 또한

$$g(0) = 0 - f(0) < 0, \quad g(1) = 1 - f(1) > 0$$

이다. 따라서 중간값 정리[6]에 의해서 $g(x_0) = 0$인 x_0 $(0 < x_0 < 1)$가 존재하고, $0 = g(x_0) = x_0 - f(x_0)$이다. 그러므로 $f(x_0) = x_0$이다.

4 유추적 사고

유추적 사고(analogical thinking)란 새로운 내용에 대한 학습이나 문제해결 방법을 찾고자하는 과정에서 구조적으로 유사한 기존 경험이나 지식과의 관련성을 확인하고 적용하고자 할 때 나타나는 사고활동을 가리킨다. 다시 말해서, 표면적으로 상이한 두 지식영역들 사이에 구조

[5] 명제: 두 연속함수의 빼기도 연속함수이다.

[6] 함수 f가 닫힌구간 $[a,b]$에서 연속이고 $f(a) < L < f(b)$(또는 $f(b) < L < f(a)$)이면, $f(c) = L$이되는 실수 $c(a < c < b)$가 존재한다.

적 유사성을 발견하고 이를 문제해결에 적용하는 사고를 말한다. 유추적 사고는 많은 과학적 발견에 중요한 역할을 해왔다. 예를 들어, '박쥐들의 연구를 통해 수중에 있는 물체의 위치를 확인할 수 있는 수중 음파탐지기'를 발명해냈으며, '독수리가 비행하는 활동을 통해서 나타난 결과를 바탕으로 비행기의 안전한 비행을 위한 설계'에 적용한 것 등이 있다. 또한 두 수의 곱 2×3를 동수누가 $2 + 2 + 2$로 해석하는 지식을 바탕으로 $\frac{3}{4} = \frac{1}{4} \times 3$의 경우도 동수누가 $\frac{1}{4} + \frac{1}{4} + \frac{1}{4}$로 해석하는 것을 유추적 사고라고 할 수 있다.

유추적 사고에 바탕을 둔 추론의 경우에도 귀납적 추론과 마찬가지로 개연성을 바탕으로 하기 때문에 항상 바른 결론을 도출할 수는 없다. 따라서 항상 검증이 수반되어야 한다. 그럼에도 불구하고 유추적 사고는 대담한 추측과 비약을 가능하게 한다는 점이 결국 뛰어난 수학적 발견을 이끌 수 있다. 수학 학습에서 탐구와 도전을 강조한다면, 유추적 사고의 함양은 필수적인 조건이라고 할 수 있다.

예제 1.8 세 변의 길이가 a, b, c인 임의의 삼각형 T에 대해 헤론의 공식으로 넓이 $A(T)$를 구할 수 있다.

$$A(T) = \sqrt{s(s-a)(s-b)(s-c)}$$

여기서 $s = \dfrac{1}{2}(a+b+c)$이다.

그러면 자연스럽게 사각형에 대해서도 유사한 공식이 성립할까? 라는 의문을 가질 수 있다. 즉, 네 변의 길이가 a, b, c, d인 사각형 R의 넓이 $A(R)$는 다음과 같다.

$$A(R) = \sqrt{s(s-a)(s-b)(s-c)(s-d)}$$

여기서 $s = \dfrac{1}{2}(a+b+c+d)$이다.

[풀이] 원에 내접하는 사각형인 경우에만 성립한다(브라마굽타의 공식, Brahmaguota's formula). 실제로, 일반적인 사각형에 대해서는 다음이 성립한다(브레트슈나이더의 공식, Bretschneider's formula).

$$A(R) = \sqrt{s(s-a)(s-b)(s-c)(s-d) - abcd\cos^2\theta}$$

여기서 θ는 두 대각의 합의 반이다. 원에 내접하는 사각형인 경우에는 $\theta = 90^\circ$이다.

예제 1.9 다음은 곱셈 '21×43'을 계산하는 과정이다. 이 과정을 잘 관찰하여 유사한 방법으로 '26×37'를 계산하여라.

	21	43
√	1	43
	2	86
√	4	172
	8	344
√	16	688
		903

예제 1.10 다음은 곱셈 '21×43'을 계산하는 과정이다. 이 과정을 잘 관찰하여 유사한 방법으로 '26×37'를 계산하여라.

√	21	43
	10	86
√	5	172
	2	344
√	1	688
		903

5 일반화의 사고

일반화(generalization)의 사고란 주어진 문제에 대한 적용 가능한 일반성을 찾거나 또는 문제해결에 사용된 아이디어를 바탕으로 이 문제를 포함한 집합 전체에서 성립하는 일반성을 구하려고 할 때 사용되는 사고 방법을 의미한다. 즉, 주어진 대상에 대한 고찰로부터 이 대상을 포함하는 집합 전체에 대한 고찰로의 전환이라고 할 수 있다. 분석이 종합과 대비되듯이, 일반화는 추상화와 비교되면서 언급되어진다. 추상화의 작용이 '외연을 고정시키고 내포를 명확히 하려는 생각'인데 반해, 일반화의 작용은'내포를 고정시키고 이에 해당하는 외연을 한층 더 명확히 또는 확장하려는 생각'으로 볼 수 있다. 요약해서 말하면, 일반화의 사고는

- (추상화와 더불어) 개념 형성의 과정
- 주어진 문제해결을 위해 이미 알려진 일반화된 해결 결과를 적용하고자 할 때
- 주어진 문제의 해결을 바탕으로 그 문제를 포함하는 집합 전체에서 적용될 수 있는 일반성을 추구 할 때

빈번히 사용되는 사고 방법이다. 예를 들어, 어떤 모임에서 일어나는 악수의 횟수를 찾는 문제를 생각해보자. 이와 같은 문제는 구체적인 경우(2명이 모이는 경우, 3명이 모이는 경우, 4명이 모이는 경우 등)에 대하여 고찰하고 규칙을 찾는다. 각 개인이 악수하는 횟수와 이중계수의 관점을 파악하여,

$$\frac{2\times(2-1)}{2},\quad \frac{3\times(3-1)}{2},\quad \frac{4\times(4-1)}{2}$$

이를 일반화하여 n명의 모임에서 일어난 악수의 횟수는

$$\frac{n\times(n-1)}{2}$$

가 성립함을 보인다.

예제 1.11 좌표 평면에 놓인 각 꼭짓점의 좌표를 알고 있는 볼록다각형의 넓이를 구하는 공식을 만들어라.

[풀이] 먼저, 삼각형인 경우를 생각해보자 ([11] p.531). 일관성을 잃지 않고, 그림 1.4에서 삼각형 T의 세 꼭짓점이 반시계 방향으로 각각 $(0,0),(x_1,y_1),(x_2,y_2)$인 1사분면에 놓여 있다고 생각할 수 있다.

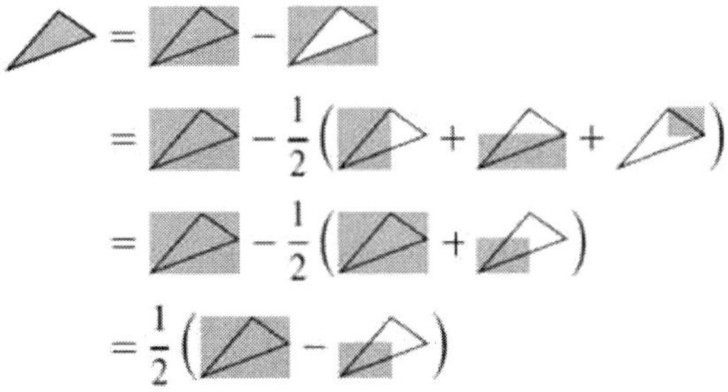

그림 1.4: 삼각형의 넓이

따라서 삼각형의 면적 $A(T)$는

$$A(T) = \frac{x_1y_2 - y_1x_2}{2}$$

이다.

이제, 사각형 인 경우를 생각해보자. 이 경우에는 두 개의 삼각형으로 분리해서 생각하면 된다.

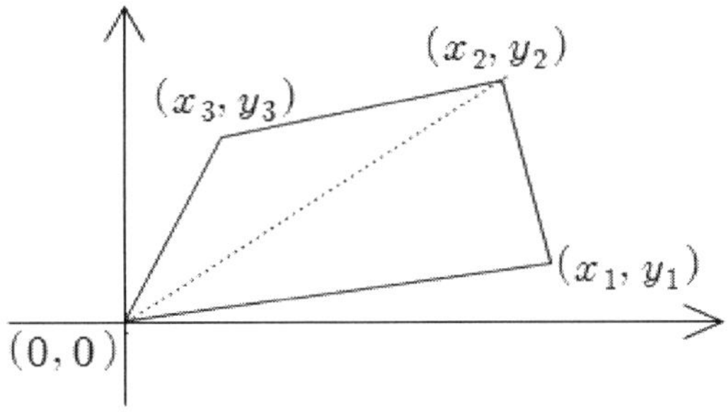

따라서 다음을 얻는다.

$$A(R) = \frac{x_1y_2 - y_1x_2}{2} + \frac{x_2y_3 - y_2x_3}{2}$$

같은 아이디어로, 꼭짓점이

$$(0,0),(x_1,y_1),\cdots,(x_{n-2},y_{n-2}),(x_{n-1},y_{n-1})$$

인 볼록 n-각형 P의 넓이 $A(P)$는 다음과 같다.

$$A(P)=\frac{1}{2}\sum_{k=1}^{n-2}(x_k y_{k+1}-y_k x_{k+1})$$

예제 1.12 네 개의 숫자 $1,2,3,4$를 단 한 번씩만 사용하여 두 개의 분수를 만들어, 만든 두 분수의 합이 1에 가장 가깝도록 하고 싶다. 이때 두 분수를 찾아라. 또한 일반화 가능 여부를 알아보아라.

■ 연습문제 1.1

1. Pick의 정리를 귀납적 추론에 따라 유도하고, 이를 연역적 추론의 방법으로 증명하여라.
2. 어떤 모임에서 일어난 악수의 총 횟수를 구하는 문제를 해결하는 방법을 고찰하여 볼록 다각형의 대각선의 개수를 찾아라.
3. 귀납적인 방법으로 한붓그리기 문제를 해결하여라.
4. 다각형의 등주문제(isoperimetric problem)를 증명하여라.

제 2 장

수학의 언어

일상의 상황에서 사용되는 언어와 수학적인 상황에서 사용하는 언어는 다르다. 예를 들어, '가깝다' 또는 '아름답다'와 같은 말은 일상에서 흔히 통용되는 언어이고 나름의 의미를 가질 수 있지만 수학적 상황이라면 무의미한 언어에 불가할 수 있다. 일상적인 언어는 주체(主體, subject)를 포함하고 있는 환경에 영향을 많이 받는 반면, 수학이라는 학문의 특성상 수학적인 언어는 주체와 주체를 포함하고 있는 환경과는 무관하게 객관성이 보장되어야 하기 때문이다.

이 장에서는 수학전반에서 이용되고 필요로 하는 최소한의 기호논리인 명제와 논리기호, 술어논리 등에 대해서 알아본다.

기호논리학은 수학적 논리학(mathematical logic) 또는 이론적 논리학(theoretical logic)이라 하고 개념, 명제, 추론 등을 기호로서 표시하고 논리계산에 의해서 논리학을 조직한 논리학의 분과이다.

명제를 기호로서 나타내고 여기에 논리계산으로 논리학에 새로운 발전의 길을 개척한 것은 Leibniz(1646∼1716)에 의해서 싹이 터서 그 후 기호논리학은 A. De Morgan(1806∼1871), G. Boole(1815∼1864) 등에 의해서 발전되어 E. Schröder(1841∼1902), G. Frege(1848∼1925), B. Russell (1872∼1970) 등 많은 학자들에 의해 논리법칙이 기호에 의해서 기술이 집대성되었다.

1 명제의 대수

명제(命題; statement, proposition)는 '참'과 '거짓'을 분명하게 가릴 수 있는 문장을 말한다. 이를 테면, 주어진 명제가 동시에 참이고 거짓인 경우와 그 판단이 불가능한 경우는 이 책에서 명제로 취급하지 않는다.

명제의 참(true), 거짓(false)를 그 명제의 **진리값**(truth value) 또는 **논리값**(logical value)이라 하고 이를 각각 T, F 또는 1, 0으로 나타낸다.

명제는 대개 "1은 자연수이고 $2+3=5$이다"와 같이

이고, 또는, 아니다, 이면

등과 같이 앞으로 논의할 연결사로 연결된 것이다. 이러한 명제를 **합성명제**(composite statement)라 하고 "1은 자연수다"와 같이 다른 명제를 포함하고 있지 않는 명제를 **단순명제**(simple statement)라고 한다.

편리를 위해서, 영소문자 $p, q, r, \ldots$ 등으로 단순명제를, 영대문자 $P, Q, R, \ldots$ 등으로 합성명제를 나타내기로 한다.

예제 2.1 다음 문장 중에서 명제인 것을 찾고, 그 진리값을 결정하여라.

(a) 내일은 비 또는 눈이 올 것이다.

(b) 봄에는 황사가 자주 온다.

(c) $7+3$은 73이다.

(d) 지구는 아름다운 혹성이다.

(e) 함수의 극한이 존재한다면 그 극한값은 유일하다.

(f) 둘레의 길이가 같은 삼각형 중에서 넓이가 가장 큰 것은 정삼각형이다.

(g) 정수의 집합은 영의 약수를 갖지 않는다.

1.1 논리곱

두 명제가 '그리고' 로 연결된 합성명제를 **합접**(合接; conjunction) 또는 **논리곱**(logical product)이라 한다. 두 명제 p와 q의 논리곱은 $p \wedge q$로 나타내며, $p \wedge q$의 진리값은 p, q가 모두 참일 때 참이고, 그 이외의 경우는 모두 거짓이다.

p	q	$p \wedge q$
T	T	T
T	F	F
F	T	F
F	F	F

표 2.1: 논리곱의 진리표

기호 $\wedge$는 두 집합 A와 B의 교집합을 정의하는 경우와 같은 곳에 사용된다. 즉

$$A \cap B := \{x : x \in A \ \wedge \ x \in B\}$$

1.2 논리합

두 명제가 '또는' 으로 연결된 합성명제를 **이접**(離接; disjunction) 또는 **논리합**(logical sum)이라 한다. 두 명제 p와 q의 논리합은 $p \vee q$로 나타낸다. $p \vee q$의 진리값은 p와 q가 동시에 거짓일 때만 거짓이고, 그 외의 경우는 모두 참이다.

p	q	$p \vee q$
T	T	T
T	F	T
F	T	T
F	F	F

표 2.2: 논리합의 진리표

기호 ∨는 두 집합 A와 B의 합집합을 정의하는 경우와 같은 곳에 사용된다. 즉

$$A \cup B := \{x : x \in A \ \vee \ x \in B\}$$

1.3 부정

명제 p에 대하여 'p가 아니다'를 $\neg p$로 나타내고 이를 p의 **부정**(否定; negation)이라 한다. $\neg p$의 진리값은 p가 참이면 $\neg p$는 거짓이고, p가 거짓이면 $\neg p$는 참이다.

p	$\neg p$
T	F
F	T

표 2.3: 부정 명제의 진리표

예제 2.2 $\neg p \wedge q$의 진리표를 구하라.

[풀이] 진리표는 다음과 같다.

p	q	$\neg p$	$\neg p \wedge q$
T	T	F	F
T	F	F	F
F	T	T	T
F	F	T	F

예제 2.3 $\neg(p \vee \neg q)$의 진리표를 구하라.

[풀이] 진리표는 다음과 같다.

p	q	$\neg q$	$p \vee \neg q$	$\neg(p \vee \neg q)$
T	T	F	T	F
T	F	T	T	F
F	T	F	F	T
F	F	T	T	F

주의 (1) 명제 p의 진리값 T, F를 각각 숫자 $1, 0$에 대응시켜서

$$v(p) = \begin{cases} 1, & p\text{가 } T \\ 0, & p\text{가 } F \end{cases}$$

로 약속하면 그 진리값은 다음과 같이 정의된다.

$$\begin{aligned} v(p \wedge q) &= v(p)v(q) \\ v(p \vee q) &= v(p) + v(q) - v(p)v(q) \\ v(\neg p) &= 1 - v(p) \end{aligned}$$

따라서 그 진리표는 다음과 같다.

p	q	$p \wedge q$	$p \vee q$	$\neg p$
1	1	1	1	0
1	0	0	1	0
0	1	0	1	1
0	0	0	0	1

(2) 두 명제 p와 q의 논리합 $p \vee q$에는 다음 두 가지의 경우가 있다.

(i) **포함적 논리합**(inclusive disjunction): p, q 중 적어도 하나가 참이다.

(ii) **비포함적 논리합**(non-inclusive disjunction): p, q 중 하나가 참이고 동시에는 참이 아니다.

포함적 논리합 (i)은 $p \vee q$, 비포함적 논리합 (ii)는 $p \veebar q$로 표시하여 구별하며 그 진리표는 표 2.4와 같다. 또한

$$v(p \veebar q) = v(p \vee q) - v(p)v(q)$$

로 정의된다.

p	q	$p \veebar q$
T	T	F
T	F	T
F	T	T
F	F	F

표 2.4: 비포함적 논리합의 진리표

예를 들어,

"나는 국수 또는 밥을 먹을 것이다"

라 하면, 이 경우의 '또는'은 국수와 밥을 동시에 먹을 수도 있음을 나타낸다. 즉, 포함적 논리합을 의미한다.

한편,

"나는 서울대학교 또는 고려대학교에 입학한다"

라 하면, 이 경우의 '또는'은 두 대학 중에서 하나를 택함을 뜻하며, 두 대학을 동시에 택하는 경우는 일어나지 않다. 즉, 비포함적 논리합을 의미한다.

1.4 논리적 동치

두 합성명제 $\neg p \wedge q$ 와 $\neg(p \vee \neg q)$ 의 진리표는, 예제 2.2와 예제 2.3에 의해서, 다음과 같다.

p	q	$\neg p \wedge q$	$\neg(p \vee \neg q)$
T	T	F	F
T	F	F	F
F	T	T	T
F	F	F	F

이 표에서, $\neg p \wedge q$가 참이면 $\neg(p \vee \neg q)$도 참이고, $\neg p \wedge q$가 거짓이면, $\neg(p \vee \neg q)$도 거짓임을 알 수 있다.

이와 같이, 두 합성명제 P, Q가 있어서 P가 참이면 Q도 참이고, P가 거짓이면 Q도 거짓일 때, 두 합성명제 P와 Q는 **논리적 동치**(論理的同値; logically equivalence) 또는 간단히 **동치**(同値; equivalence) 라

하고, 다음과 같이 나타낸다.

$$P \equiv Q$$

예를 들어, $\neg p \wedge q$와 $\neg(p \vee \neg q)$는 동치이므로

$$\neg p \wedge q \equiv \neg(p \vee \neg q)$$

로 나타낸다.

1.5 조건문

논리어 '이면'으로 연결된 합성명제를 p와 q의 **조건문**(條件文; conditional statement)이라 하고, 기호 $p \to q$로 나타낸다. 다음의 예로 조건문을 이해하여 보자.

선생님이 학생들에게

"내일 날씨가 좋다면 소풍을 간다 $(p \to q)$"

고 약속 했을 경우를 생각해 보자. 여기서 명제 p는 "내일 날씨가 좋다", q를 "소풍을 간다"이다.

먼저, 다음날 날씨가 좋은 경우를 생각해 보자: 실제로 소풍을 갔다면, 이 경우 p와 q 모두 참이고, 선생님의 약속$(p \to q)$ 또한 참이다. 소풍을 가지 않았다면, 이 경우 p는 참, q는 거짓이고 선생님의 약속$(p \to q)$는 거짓이다.

이제, 다음날 날씨가 좋지 않은 경우를 생각해 보자: 이 경우는 소풍을 가든 가지 않든지 간에 선생님을 비난할 사람은 없을 것이다. 이 경우 일상 언어에 있어서는 무의미하지마는 형식적 언어를 구성할 때 여러 가지 이유로 논리적 가능성 각각에 진리값 T을 배당한다(정의 한다).

일반적으로, p가 참이고 q가 거짓이 아니면 $p \to q$는 참, p가 거짓이면 q의 진리값에 관계없이 $p \to q$는 참이다. 그러므로 $p \to q$의 진리표는 표 2.5와 같다. 진리값은 다음과 같이 정의할 수도 있다.

$$v(p \to q) = v(\neg p) + v(p)v(q)$$

p	q	$p \to q$
T	T	T
T	F	F
F	T	T
F	F	T

표 2.5: 조건문의 진리표

예제 2.4 $(p \to q) \wedge (p \to r) \equiv (p \to q \wedge r)$

[풀이] 진리표는 다음과 같다.

p	q	r	$p \to q$	$q \wedge r$	$p \to r$	$(p \to q) \wedge (p \to r)$	$p \to q \wedge r$
T	T	T	T	T	T	T	T
T	T	F	T	F	F	F	F
T	F	T	F	F	T	F	F
T	F	F	F	F	F	F	F
F	T	T	T	T	T	T	T
F	T	F	T	F	T	T	T
F	F	T	T	F	T	T	T
F	F	F	T	F	T	T	T

1.6 쌍조건문

명제 'p이면 그리고 그 때에 한해서만 q'를 p와 q의 **쌍조건문**(雙條件文; biconditional statement)라고 한다. 이를 풀어서 해석[1]해 보면

(1) p 이면 q이다 (if p, then q) 그리고

(2) p 일때 한해서만 q 이다. (ony if p, then q)

(2)의 진리표를 조사하면 표 2.6과 같다. 실제로 이것은 조건문 $q \to p$와 동치가 됨을 알 수 있다. 예를 들어, 명제 p를 '주어진 차량은 자동차

[1] 영어식 표현은 어순의 문제로 우리와는 달리 뒤집어져 있다. p if and only if q : 'if q, then p' and 'ony if q, then p'

이다.' 또한 명제 q를 '그 차량은 자동차 전용도로를 달린다.'라고 하자. 그러면 명제 (2)는 '주어진 차량이 자동차일때 한해서만 자동차 전용도로를 달린다.'라고 해석된다. 진리표에서 각 경우를 살펴보자.

(a) 주어진 차량은 자동차이면서 자동차 전용도로를 달렸다. 이것은 가능한 경우이다.

(b) 주어진 차량은 자동차이지만 자동차 전용도로를 달리지 않았다. 이것도 가능한 경우이다. 자동차가 반드시 자동차전용 도로만을 달려야 하는 것은 아니기 때문이다.

(c) 주어진 차량이 자동차가 아니고 자동차 전용도로를 달렸다. 이것은 불가능한 경우이다.

(d) 주어진 차량이 자동차가 아니고 자동차 전용도로를 달리지 않았다. 이것은 가능한 경우이다.

p	q	ony if p, then q	$q \to p$
T	T	T (a)	T
T	F	T (b)	T
F	T	F (c)	F
F	F	T (d)	T

표 2.6: ony if p, then $q \equiv q \to p$

따라서 쌍조건문은 내용적으로 $(p \to q) \wedge (q \to p)$에 의해서 정해지고, 기호 $p \longleftrightarrow q$로 나타낸다. 그 진리표는 표 2.7과 같다. p와 q가 같은 진리값일 때에 한해서 $p \longleftrightarrow q$는 참이 된다. 진리값은 다음에 의해서도 정의할 수 있다.

$$v(p \longleftrightarrow q) = v(p)v(q) + v(\neg p)v(\neg q)$$

p	q	$p \longleftrightarrow q$
T	T	T
T	F	F
F	T	F
F	F	T

표 2.7: 쌍조건문의 진리표

예제 2.5 $(p \wedge q) \vee \neg(p \longleftrightarrow q)$의 진리표를 구하라.

[풀이] 진리표는 다음과 같다.

p	q	$p \wedge q$	$p \longleftrightarrow q$	$\neg(p \longleftrightarrow q)$	$(p \wedge q) \vee \neg(p \longleftrightarrow q)$
T	T	T	T	F	T
T	F	F	F	T	T
F	T	F	F	T	T
F	F	F	T	F	F

1.7 항진명제와 모순명제

두 개의 명제 p, q의 합성명제 $p \to (p \vee q)$의 진리표를 살펴보면, p, q의 진리값에 관계없이 그 합성명제 $p \to (p \vee q)$는 참임을 알 수 있다.

p	q	$p \vee q$	$p \to (p \vee q)$
T	T	T	T
T	F	T	T
F	T	T	T
F	F	F	T

이와같이 그것을 구성하는 단순명제의 진리값에 관한 모든 논리적 가능성에 대하여 항상 진인 명제를 **항진명제**(恒眞命題; tautology)라고 한다.

이것에 반해서 단순명제의 진리값에 관계없이 항상 거짓인 합성명제를 **모순명제**(矛盾命題; contradiction)라고 한다. 예를 들어, $p \wedge \neg p$는 항상 모순명제이다.

p	$\neg p$	$p \wedge \neg p$
T	F	F
F	T	F

1.8 논리적 함의

두 합성명제 $p \longleftrightarrow q$와 $p \to q$의 진리표는 다음과 같다.

p	q	$p \longleftrightarrow q$	$p \to q$	
T	T	T	T	$\longleftarrow$
T	F	F	F	
F	T	F	T	
F	F	T	T	$\longleftarrow$

이 표에서 $p \longleftrightarrow q$가 참일 때 $p \to q$도 참이다. 이와 같이 합성명제 P가 참일 때 Q도 반드시 참이면 합성명제 P는 Q를 **함의**(含意; implication)한다고 하고 다음과 같이 나타낸다.

$$P \Longrightarrow Q$$

위 예에서

$$p \longleftrightarrow q \Longrightarrow p \to q$$

이다.

예제 2.6 임의의 두 명제 p와 q에 대하여 다음이 성립한다.

(1) $p \Longrightarrow p \vee q$ (2) $p \wedge q \Longrightarrow p,\ p \wedge q \Longrightarrow q$

[풀이] 다음의 진리표를 이용하면 된다.

p	q	$p \vee q$	$p \wedge q$
T	T	T	T
T	F	T	F
F	T	T	F
F	F	F	F

주의 합성명제 P와 Q에 대하여, 다음의 두 사실은 동치이다.

(1) $P \Longrightarrow Q$

(2) $P \to Q$는 항진명제이다.

두 합성명제 P와 Q에 대하여, $P \Longrightarrow Q$이고 $Q \Longrightarrow P$일 때

$$P \Longleftrightarrow Q$$

로 나타낸다.

주의 합성명제 P와 Q에 대하여, 다음의 사실은 동치이다.

(1) $P \equiv Q$

(2) $P \Longleftrightarrow Q$

(3) 쌍조건문 $P \longleftrightarrow Q$는 항진명제이다.

1.9 논리법칙

정리 2.1 명제 p, q와 r에 대하여, 다음이 성립한다.

(1) (**교환법칙**) $p \wedge q \equiv q \wedge p$, $p \vee q \equiv q \vee p$

(2) (**결합법칙**) $(p \wedge q) \wedge r \equiv p \wedge (q \wedge r)$ 이고
$(p \vee q) \vee r \equiv p \vee (q \vee r)$

(3) (**분배법칙**) $p \wedge (q \vee r) \equiv (p \wedge q) \vee (p \wedge r)$ 이고
$p \vee (q \wedge r) \equiv (p \vee q) \wedge (p \vee r)$

(4) (**이중부정**) $\neg(\neg p) \equiv p$

(5) (**멱등법칙**) $p \wedge p \equiv p,\ p \vee p \equiv p$

[증명] 각각의 경우 진리표의 작성에 의하여 쉽게 증명된다. 연습문제로 남긴다. □

정리 2.2 (De Morgan 의 정리) 임의의 명제 p와 q에 대하여, 다음이 성립한다.

(1) $\neg(p \wedge q) \equiv \neg p \vee \neg q$ (2) $\neg(p \vee q) \equiv \neg p \wedge \neg q$

[증명] (1) 다음의 진리표에 의하여 성립함을 알 수 있다.

p	q	$\neg p$	$\neg q$	$p \wedge q$	$\neg(p \wedge q)$	$\neg p \vee \neg q$
T	T	F	F	T	F	F
T	F	F	T	F	T	T
F	T	T	F	F	T	T
F	F	T	T	F	T	T

(2) 독자를 위해서 연습문제로 남긴다. □

■ 연습문제 2.1

1. 다음에 주어진 문장이 명제인지 아닌지를 결정하여라.

   (a) 5차원의 세계는 존재한다.

   (b) 화성에는 생명체가 존재한다.

   (c) 지구에서 태양까지는 먼 거리이다.

   (d) 수열 $\{1/n\}_{n=1}^{\infty}$의 극한값은 0이다.

   (e) 임의의 실수보다 더 큰 자연수는 항상 존재한다.

2. 다음을 증명하여라.

   (a) $p \wedge (p \vee r) \equiv p$ (b) $p \vee (p \wedge r) \equiv p$

3. $p \longrightarrow q \Longleftrightarrow \neg p \vee q$임을 증명하여라.

4. $p \longrightarrow q \equiv \neg q \longrightarrow \neg p$임을 증명하여라.

5. $p \longrightarrow q \Longrightarrow p \wedge r \longrightarrow q \wedge r$임을 증명하여라.

6. $p \wedge \sim (p \vee q)$는 모순명제임을 밝혀라.

7. 정리 2.1를 증명하여라.

8. 정리 2.2의 (2)가 성립함을 증명하여라.

9. n개의 명제 $p_1, p_2, \cdots, p_n$에 대해서

$$\bigwedge_{i=1}^{n} p_i = p_1 \wedge p_2 \wedge \cdots \wedge p_n, \quad \bigvee_{i=1}^{n} p_i = p_1 \vee p_2 \vee \cdots \vee p_n$$

로 정의할 때, 다음의 법칙을 증명하여라.

(a) $\neg\left(\bigwedge_{i=1}^{n} p_i\right) = \bigvee_{i=1}^{n}(\neg p_i)$ (b) $\neg\left(\bigvee_{i=1}^{n} p_i\right) = \bigwedge_{i=1}^{n}(\neg p_i)$

2 한정기호

2.1 명제함수와 진리집합

집합 U가 있어서, U의 원소 x에 의해 만들어진 문장 $p(x)$가, x에 원소 a를 대입할 때마다 '참(T)'과 '거짓(F)'이 항상 정해질 때 $p(x)$를 U에서의 **명제함수**(propositional function)라 한다. 즉,

$$p : U \to \{T, F\}$$

인 함수이다.

예제 2.7 U를 실수의 집합이라 하자. 그러면 U에서 정의된

$$p(x) : 3x - 2 = 7, \quad q(x) : 2x - 5 > 9$$

은 U에서 명제함수이다.

예제 2.8 U를 유클리드 공간 $\mathbb{R}^2$라 하자. 그러면 U에서 정의된

$$p(x, y) : y = x^2$$

은 U에서 명제함수이다.

집합 U에서의 한 명제함수 $p(x)$가 있어서, $p(x)$를 '참'으로 하는 x의 집합을 명제함수 $p(x)$의 **진리집합**(truth set)이라 하고,

$$P = \{x \in U : p(x) : \text{참}\} \text{ 또는 } P = \{x : p(x)\}$$

로 나타낸다.

예제 2.9 자연수의 집합 $\mathbb{N}$ 위에서 정의된 명제함수

$$p(x) : x + 2 > 7$$

의 진리집합 P는 다음과 같다.

$$P = \{x : p(x)\} = \{x : x + 2 > 7\} = \{x \in \mathbb{N} : x > 5\}$$

집합 U 위에서 두 개의 명제함수 $p(x), q(x)$의 진리집합을 각각 P, Q라 하자. 그러면 두 명제함수의 이접 $p(x) \vee q(x)$의 진리집합은 $\{x : p(x) \vee q(x)\}$으로 나타내는 데 실제로 이 집합은 $P \cup Q$와 같다. 즉,

$$P \cup Q = \{x : p(x) \vee q(x)\}$$

또한, 집합 $\{x : p(x) \wedge q(x)\}$는 그 합접의 진리집합을 나타내며, 실제로 그 집합은 $P \cap Q$와 같다.즉,

$$P \cap Q = \{x : p(x) \wedge q(x)\}$$

그리고 집합 U에서의 명제함수 $p(x)$가 주어질 때 $p(x)$의 부정, $\neg p(x)$의 진리집합은 $\{x : \neg p(x)\text{는 참}\}$으로 나타내거나 또는 $\{x : p(x)\text{는 거짓}\}$로 나타내어진다. 실제로,

$$U \setminus P = \{x : \neg p(x)\text{는 참}\} = \{x : p(x)\text{는 거짓}\}$$

2.2 전칭기호

$p(x)$를 집합 U위에서의 한 명제함수라 하자. U에 속하는 모든 x에 대해서, 「$p(x)$는 참이다」를

$$\forall x \in U,\, p(x) \text{ 또는 } \forall x,\, p(x)$$

로 나타내고 「$\forall$」를 **전칭기호**(全稱記號; universal quantifier)라 한다. 또 전칭기호를 갖는 명제를 **전칭명제**라 한다.

전칭명제 「$\forall x,\, p(x)$」는 모든 x에 대해서 $p(x)$가 참임을 의미하므로 $p(x)$의 진리집합 P는

$$P = \{x \,|\, x \in U,\, p(x)\text{는 참}\} = U$$

를 의미한다.

역으로는

$$\{x \,|\, x \in U,\, p(x)\text{는 참}\} = U$$

이면 $\forall x,\, p(x)$는 참이고, 또한

$$\{x \,|\, x \in U,\, p(x)\text{는 참}\} \neq U$$

이면 $\forall x,\, p(x)$는 거짓이다.

예제 2.10 $\{n \in \mathbb{N} \,|\, n + 3 > 3\} = \{1, 2, 3, \ldots\} = \mathbb{N}$이므로 명제

$$\forall n \in \mathbb{N},\ n + 3 > 3$$

는 참이다. 또한 $\{n \in \mathbb{N} \,|\, n + 2 > 8\} = \{7, 8, 9, \ldots\} \neq \mathbb{N}$이므로

$$\forall n \in \mathbb{N},\ n + 2 > 8$$

은 거짓이다.

2.3 존재기호

$p(x)$를 집합 U위에서의 한 명제함수라 하자. 이때 U에 속하는 x에 대해서, $p(x)$는 참이다. 즉 $p(x)$가 참인 x가 U안에 반드시 존재한다. 이 사실을 다음과 같이 나타낸다.

$$\exists x \in U \ \text{ s.t. } \ p(x) \ \text{ 또는 } \ \exists x \ \text{ s.t. } \ p(x)$$

존재한다는 것을 나타내는 기호 「∃」를 **존재기호**(存在記號; existential quantifier) 또는 **특칭기호**(特稱記號)라 하고, 특칭기호를 가진 명제를 **특칭명제**라 한다.[2]

특칭명제 「$\exists x$ s.t. $p(x)$」는 어떤 x에 대해서 $p(x)$가 참임을 의미하므로 $p(x)$의 진리집합 P는 공집합이 아니다. 즉,

$$P = \{x \,|\, x \in U,\, p(x)\text{는 참}\} \neq \emptyset$$

역으로

$$\{x \,|\, x \in U,\, p(x)\text{는 참}\} \neq \emptyset$$

이면 명제 $\exists x$ s.t. $p(x)$는 참이고,

$$\{x \,|\, x \in U,\, p(x)\text{는 참}\} = \emptyset$$

이면 명제 $\exists x$ s.t. $p(x)$는 거짓이다.

예제 2.11 자연수의 집합 $\mathbb{N}$에서는 $\{n \,|\, n + 4 < 7\} = \{1, 2\} \neq \emptyset$ 이므로

$$\exists n \in \mathbb{N} \ \text{ s.t. } \ n + 4 < 7$$

은 참이고, $\{n \,|\, n + 6 < 4\} = \emptyset$이므로

$$\exists n \in \mathbb{N} \ \text{ s.t. } \ n + 6 < 4$$

는 거짓이다.

---

[2] 특칭명제를 기호로 나타낼 때, 표현의 편리를 위해서, s.t. 라는 기호를 많이 사용한다. 이것은 실제로 'such that'를 의미한다.

2.4 전칭명제와 특칭명제의 부정

집합 U에서의 한 전칭명제 $\forall x \in U, p(x)$는 U의 모든 x에 대해서, $p(x)$는 참이므로 그 부정은

U의 어떤 x에 대해서, $p(x)$는 거짓

이다. 다시 말하면

U에 속하는 어떤 x에 대해서 $\neg p(x)$가 참

이고, 이를 기호로 나타내면

$$\exists x \in U \ \text{ s.t. } \ \neg p(x)$$

가 된다. 따라서

$$\neg\big(\forall x \in U, \ p(x)\big) \ \equiv \ \exists x \in U \ \text{ s.t. } \ \neg p(x)$$

또한, 집합 U위의 한 존재명제

$$\exists x \in U \ \text{ s.t. } \ p(x)$$

의 부정은 "모든 $x \in U$에 대해서 $p(x)$는 거짓이다."이고 따라서 다음을 얻는다.

$$\neg\big(\exists x \in U, \ p(x)\big) \ \equiv \ \forall x \in U, \ \neg p(x)$$

위에서 논의한 것을 정리하면 다음과 같다.

정리 2.3 (De Morgan 의 정리)

(1) $\neg\big(\forall x \in U, \ p(x)\big) \ \equiv \ \exists x \in U \ \text{ s.t. } \ \neg p(x)$

(2) $\neg\big(\exists x \in U \ \text{ s.t. } \ p(x)\big) \ \equiv \ \forall x \in U, \ \neg p(x)$

■ 연습문제 2.2

1. "모든 뱀은 독을 가지고 있다"라는 명제의 부정은?

2. U를 실수의 집합이라 할 때 다음 명제의 진리값을 판단하여라.

   (a) $\forall x \in U,\ x+5 > x+3$ (b) $\exists x \in U$ s.t. $-5x+4=0$

   (c) $\forall x \in U,\ x < x^2$ (d) $\exists x \in U$ s.t. $x+5 > x+3$

3. 문제 2의 (a), (b), (c) 및 (d)의 부정을 말하여라.

4. 다음 명제의 부정을 쓰라.

   (a) $\forall x,\ p(x) \ \vee\ \exists y$ s.t. $q(y)$ (b) $\exists x$ s.t. $p(x) \ \vee\ \forall y,\ q(y)$

5. 다음 명제[3]의 부정을 쓰라.

$$\forall \epsilon > 0, \exists \delta > 0 \text{ s.t. } |x-c| < \delta \Longrightarrow |f(x)-L| < \epsilon$$

6. 다음 명제[4]의 부정을 쓰라.

$$\forall \epsilon > 0, \exists n_0 \in \mathbb{N} \text{ s.t. } \forall n \geq n_0 \Longrightarrow |a_n - a| < \epsilon$$

3 추론의 형식

3.1 조건문의 형식

주어진 두 명제 p와 q에 대하여, 그 논리합 $p \vee q$와 논리곱 $p \wedge q$는 p와 q에 대해서 대칭이다. 즉, $p \vee q = q \vee p,\ p \wedge q = q \wedge p$이다. 그러나 조건문 $p \to q$는 대칭이 아니다.

조건문 $p \to q$에 대해서, 「$q \to p$」를 그 **역**(逆; inverse), 「$\neg p \to \neg q$」를 그 **이**(裏; reverse), 「$\neg q \to \neg p$」를 그 **대우**(對偶; contraposition)라 하고, 각각의 진리표값은 표 2.8과 같다.

이 표에 의하면 $p \to q$와 그 역 $q \to p$, 이 $\neg p \to \neg q$는 같은 진리값을 가지지 않으나, $p \to q$와 그 대우 $\neg q \to \neg p$는 같은 진리값을 가진다. 따라서 명제 $p \to q$가 참임을 증명하고자 한다면 그 대우 $\neg q \to \neg p$가 참임을 밝혀도 된다. 이것이 하나의 간접증명법이다.

p	q	$p \to q$	$q \to p$	$\neg p \to \neg q$	$\neg q \to \neg p$
T	T	T	T	T	T
T	F	F	T	T	F
F	T	T	F	F	T
F	F	T	T	T	T

표 2.8: $p \to q$의 역명제, 이명제 및 대우명제의 진리표

일반적으로, 증명의 형식에는 크게 나누어 **직접증명법**(method of direct proof)과 **간접증명법**(method of indirect proof)이 있다. 전자는 주어진 결론명제의 참과 거짓을 직접 명확히 하는 것이고, 후자는 결론명제와 동치가 되는 다른 명제를 찾아서 그 참과 거짓을 직접 명확히 하는 방법이다.

예제 2.12 $x, y > 0$인 정수일 때, 두 수의 곱 xy가 홀수이면 x, y는 모두 홀수이다.

[풀이] 주어진 조건명제

$$xy\text{가 홀수} \longrightarrow x\text{가 홀수} \wedge y\text{가 홀수}$$

의 대우가 참임을 밝히자. 즉,

$$\neg(x\text{가 홀수} \wedge y\text{가 홀수}) \longrightarrow \neg(xy\text{가 홀수}) \equiv xy\text{가 짝수}$$

드 모르간의 법칙에 의하여

$$\begin{aligned}\neg(x\text{가 홀수} \wedge y\text{가 홀수}) &\equiv \neg x\text{가 홀수} \vee \neg y\text{가 홀수}\\ &\equiv x\text{가 짝수} \vee y\text{가 짝수}\end{aligned}$$

이므로

$$x\text{가 짝수} \vee y\text{가 짝수} \longrightarrow xy\text{가 짝수}$$

가 명백하므로 이 명제는 증명되었다. □

[3]읽기 자료 참조
[4]읽기 자료 참조

3.2 유효한 추론

두 명제 p와 q에 대해서 $p \to q$의 진리표를 만들고 그 오른편에 p, q의 난을 첨가하면 다음과 같다.

p	q	$p \to q$	p	q
T	T	T	T	T
T	F	F	T	F
F	T	T	F	T
F	F	T	F	F

표 2.9: $(p \to q) \wedge p \implies q$

표 2.9에 의하면 $p \to q$가 T이고 p가 T일 때는 q도 T이다. 즉,

$$(p \to q) \wedge p \implies q$$

이다. 이것을 다음과 같이 표시하기도 한다.

$$\begin{array}{l} p \to q \\ \underline{p \qquad\quad} \\ \therefore \quad q \end{array} \qquad \text{전건긍정법(前件肯定法, modus ponens)} \qquad (2.1)$$

이때 이 추론은 **유효하다**고 하고, $p \to q$와 p를 **전제**(hypothesis), q를 **결론**(conclusion)이라 한다.

일반적으로, 유효한 추론은 전제인 참인 명제열 $p_1, p_2, \ldots$에서 결론인 참인 명제 q가 유도되는 추론을 의미한다. 즉,

$$p_1 \wedge p_2 \wedge p_3 \cdots \implies q \quad \text{또는} \quad \begin{array}{l} p_1 \\ p_2 \\ p_3 \\ \vdots \\ \hline \therefore \quad q \end{array}$$

다음은

$$\begin{array}{l} p \to q \\ q \\ \hline \therefore \quad p \end{array} \qquad \text{후건긍정의 오류}$$

는 유효하지 않은 추론이다. 왜냐하면, 아래의 표 2.10

p	q	$p \to q$	q	p
T	T	T	T	T
T	F	F	F	T
F	T	T	T	F
F	F	T	F	F

표 2.10: 후건긍정의 오류

에서, 명제 $p \to q$가 T이고, q가 T인 경우는 제 1행과 제 3행에서 일어나고 있으나 제 3행에서 p가 F가 됨으로서 유효하지 않은 추론이다.

또 다음의 진리표로 부터

p	q	$p \to q$	$\neg q$	$\neg p$
T	T	T	F	F
T	F	F	T	F
F	T	T	F	T
F	F	T	T	T

표 2.11: 후건부정법

$$\begin{array}{l} p \to q \\ \neg q \\ \hline \therefore \ \neg p \end{array} \qquad \text{후건부정법(後件否定法, modus tollens)} \tag{2.2}$$

는 유효한 추론이므로 $p \to q$와 그 대우 $\neg q \to \neg p$는 그 뜻이 같으므로 다음 추론은 유효함을 알 수 있다.

$$\begin{array}{ll} & \neg q \to \neg p \\ & \neg q \\ \hline \therefore & \neg p \end{array}$$

세 개의 명제 p, q, r에서 3개의 조건문

$$p \to q, \quad q \to r, \quad p \to r$$

들의 진리값은 다음 표와 같다.

p	q	r	$p \to q$	$q \to r$	$p \to r$
T	T	T	T	T	T
T	T	F	T	F	F
T	F	T	F	T	T
T	F	F	F	T	F
F	T	T	T	T	T
F	T	F	T	F	T
F	F	T	T	T	T
F	F	F	T	T	T

표 2.12: 가언삼단논법

따라서

$$\begin{array}{r} p \to q \\ q \to r \\ \hline \therefore p \to r \end{array} \qquad \text{가언삼단논법(假言三段論法)} \tag{2.3}$$

은 유효한 추론이다.

다음의 진리표

p	q	$p \vee q$	$\neg p$	q
T	T	T	F	T
T	F	T	F	F
F	T	T	T	T
F	F	F	T	F

로부터 주어진 추론

$$\begin{array}{l} p \vee q \\ \underline{\neg p \quad} \\ \therefore \; q \end{array} \qquad \text{선언지제거법(選言支除去法)} \tag{2.4}$$

은 유효함을 알 수 있다.

3.3 배리법

간접증명법 중에서 가장 많이 사용되는 배리법에 대하여 간단히 알아보자.

(1) 주어진 명제 p가 참임을 증명하는 경우: p를 부정한 명제 $\neg p$가 모순명제를 이끈다. 즉

$$\neg p \longrightarrow \text{모순명제}$$

(2) 명제 $p \longrightarrow q$가 참임을 증명하는 경우: 결론 q를 부정하여 모순을 이끈다. 즉,

$$p \wedge \neg q \longrightarrow \text{모순명제}$$

여기서 모순이 나타나는 형식에 따라 다음 세가지로 분류된다.

(a) 가정(p)에 모순:

$$p \wedge \neg q \longrightarrow \neg p$$

실제로, $p \wedge \neg q \longrightarrow p$는 당연히 참인 명제이므로 예제 2.4에 의해서 다음 사실을 얻는다.

$$p \wedge \neg q \longrightarrow \neg p \wedge p: \text{ 모순명제}$$

(b) 결론부정($\sim q$)에 모순:

$$p \wedge \neg q \longrightarrow q$$

실제로, $p \wedge \neg q \longrightarrow \neg q$는 당연히 참인 명제이므로 예제 2.4에 의해서 다음 사실을 얻는다.

$$p \wedge \neg q \longrightarrow q \wedge \neg q: \text{ 모순명제}$$

(c) 알려진 참인 명제(r)에 모순:

$$p \wedge \neg q \longrightarrow \neg r$$

실제로,

$$p \wedge \neg q \longrightarrow \neg r \wedge r: \text{ 모순명제}$$

예제 2.13 $x^2 = 2$를 만족하는 유리수는 없다.

[풀이] 주어진 명제를 p라 두고, 이 명제의 부정명제 $\neg p$가 모순명제를 유도함을 증명하자.

$$\neg p : x^2 = 2\text{를 만족하는 유리수는 있다}$$

임을 가정하자. 즉,

$$\exists\, r \in \mathbb{Q} \text{ s.t. } r^2 = 2$$

여기서 일관성을 잃지 않고 $r > 0$, $r = p/q$, $\gcd(p, q) = 1$를 가정할 수 있다. 그러므로 $p^2 = 2q^2$이다. 따라서 p는 짝수이고, $p = 2n(n > 0)$로 나타낼 수 있다. 이로부터

$$(2n)^2 = 2q^2 \Longleftrightarrow 2n^2 = q^2$$

이며, q 또한 짝수이다. 따라서 $r = p/q$는 기약분수가 아니며, 이러한 사실은 r이 기약분수라는 사실에 모순된다. 즉,

$$\neg p : \exists r(\text{기약분수}) \in \mathbb{Q}^+,\ r^2 = 2 \longrightarrow r \neq \text{기약분수(모순명제)}$$

예제 2.14 실수 x, y에 대하여,

$$x^2 + y^2 = 0 \text{ 이면 } x = 0 \text{ 이고 } y = 0$$

임을 밝혀라.

[풀이] "$p : x^2 + y^2 = 0$"가 됨을 가정하고, 결론 "$q : x = 0 \wedge y = 0$"를 부정하여 모순을 유도하자. 즉,

$$\underbrace{x^2 + y^2 = 0}_{p} \wedge \underbrace{(x \neq 0 \vee y \neq 0)}_{\neg q} \longrightarrow \text{모순명제}$$

(i) $x \neq 0 : x^2 > 0,\ y^2 \geq 0$이고, 따라서 $x^2 + y^2 > 0$
(ii) $y \neq 0 : x^2 \geq 0,\ y^2 > 0$이고, 따라서 $x^2 + y^2 > 0$
어느 경우나 모순이다. 즉

$$p \wedge \neg q \longrightarrow \neg p$$

이고 $p \wedge \neg q \longrightarrow p$참인 명제이기 때문에

$$p \wedge \neg q \longrightarrow \neg p \wedge p : \text{ 모순명제}$$

예제 2.15 두 수 a, b가 유리수일 때,

$$a + b\sqrt{3} = 0 \text{ 이면 } a = 0 \text{ 이고 } b = 0$$

임을 밝혀라.

[풀이] "$a + b\sqrt{3} = 0$"가 됨을 가정하고, 결론 "$q : a = 0 \wedge b = 0$"를 부정하여 모순을 유도하자. 즉,

$$\underbrace{a + b\sqrt{3} = 0}_{p} \wedge \underbrace{(a \neq 0 \vee b \neq 0)}_{\neg q} \longrightarrow \text{모순명제}$$

$a \neq 0$인 경우에는 $b \neq 0$이다. 왜냐하면, 만일 $b = 0$라면 $a = 0$가 되기 때문이다. 이제 $\sqrt{3} = -a/b$인데, 좌변은 무리수이고 우변은 유리수이므로 모순이다. 또한 $b \neq 0$인 경우도 마찬가지다.

3.4 필요충분조건

"만일 어떤 것이 고양이라면 그것은 포유동물이다"라는 명제를 생각해보자. 이 명제에서

- 고양이는 포유동물이 되기에 충분한 것이다.
- 포유동물이라고 반드시 고양이가 되는 것은 아니다. 그러나 포유동물이 아닌 한 고양이가 될 수 없다. 따라서 포유동물은 고양이가 되기 위해서 반드시 필요한 것이다 (그림 2.1 참조). 즉, 고양이이기 위해서는 먼저 포유동물이라는 전제조건이 필요하다는 뜻이다.

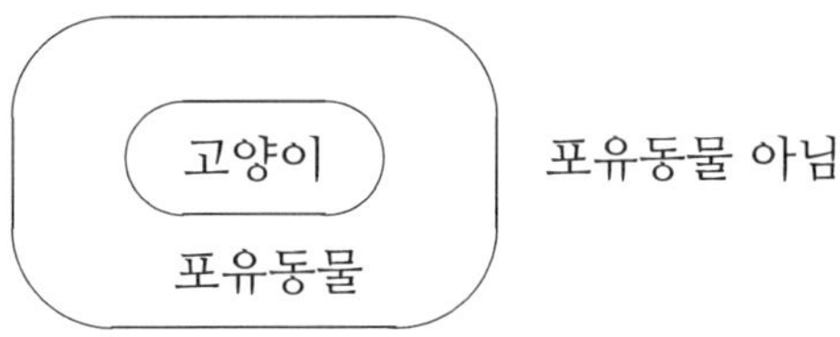

그림 2.1: 충분조건과 필요조건

이러한 의미에서 $p \Longrightarrow q$에서 p를 q의 **충분조건**(sufficient condition)이라 하고, q를 p의 **필요조건**(necessary condition)이라 한다.

또한 $p \Longleftrightarrow q$일 때 서로를 **필요충분조건**(necessary and sufficient condition)이라 한다.

필요성과 충분성의 증명

$p \Longleftrightarrow q$ 또는 p if and only if q에서 필요성과 충분성의 증명법은 다음과 같다.

- 충분성(if) ($\Longleftarrow$) : q가 성립한다고 가정하고 p가 성립함을 보인다.

- 필요성(only if) ($\Longrightarrow$) : p가 성립한다고 가정하고 q가 성립함을 보인다.

■ 연습문제 2.3

1. 다음 추론이 유효한가를 조사하여라.

(1)
$$\begin{array}{l} p \longrightarrow q \\ \neg p \\ \hline \therefore\ \neg q \end{array}$$

(2)
$$\begin{array}{l} p \longleftrightarrow q \\ p \\ \hline \therefore\ q \end{array}$$

(3)
$$\begin{array}{l} \neg p \longrightarrow \neg q \\ q \\ \hline \therefore\quad p \end{array}$$

(4)
$$\begin{array}{l} p \vee q \\ \neg p \\ \hline \therefore\ q \end{array}$$

2. 다음 추론이 유효한가?

(1)
$$\begin{array}{l} p \longrightarrow q \\ \neg r \longrightarrow \neg q \\ \hline \therefore\ p \longrightarrow r \end{array}$$

(2)
$$\begin{array}{l} p \longrightarrow q \\ \neg q \longrightarrow \neg r \\ \hline \therefore\ r \longrightarrow p \end{array}$$

3. 다음의 추론을 형식화하고 그 유효성에 대하여 논하라.

   (1) 만약 당신이 적은 돈으로 살아간다면 당신의 궁핍을 견디는 생활이 당신을 부자로 만들었을 것이고, 만약 당신이 돈을 많이 쓰면서 살아간다면 당신의 지출이 당신이 부자라는 사실을 증명하는 것이다. 당신은 적은 돈으로 생활하거나 또는 많은 돈으로 생활하거나 둘 중 하나이다. 따라서 당신은 부자임에 틀림없다.

   (2) 만약 비밀을 밝히면, 동료들이 죽는다. 만약 비밀을 밝히지 않고 끝까지 버티면 내가 죽는다. 선택은 비밀을 밝히든가 밝히지 않고 끝까지 버티든가 둘 중 하나이다. 따라서 동료들이 죽든가 내가 죽는다.

4. '정수 m에 대하여, m^2이 3의 배수이면 m도 3의 배수이다'라는 명제를 배리법을 이용하여 증명하여라.

5. p가 소수(prime)일때, $p+1$이 완전제곱수이면 $p=3$임을 증명하여라.

6. 어떤 모임에서 홀수번 악수한 사람은 짝수명이 있음을 증명하여라.

읽기 자료: 극한

1. 함수의 극한[5]

미·적분학에서 극한의 (ϵ, δ)-정의는 극한 개념을 형식화한 것이다.

1817년 Bolzano에 의해 형식적 정의가 만들어 졌고, Cauchy가 증명에서 가끔씩 ϵ, δ 논법을 사용하였고, Weierstrass가 이것을 논리적으로 더욱 엄밀하게 하여 형식화하였다.

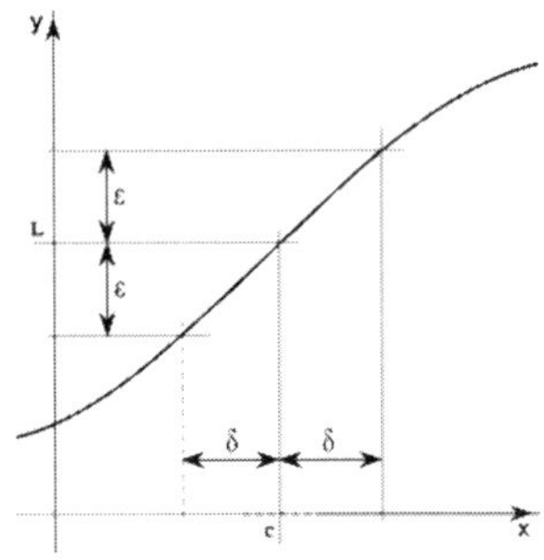

함수의 극한의 (ϵ, δ)-정의는 다음과 같다.

$$\lim_{x \to c} f(x) = L \iff \forall \epsilon > 0, \exists \delta > 0 \text{ s.t. } |x - c| < \delta \Longrightarrow |f(x) - L| < \epsilon$$

예제 2.16 $\lim_{x \to 3} (2x - 2) = 4$를 증명하시오.

[풀이] 임의로 주어진 $\epsilon > 0$에 대해서, $\delta = \dfrac{\epsilon}{2}$로 잡으면 다음이 성립한다.

$$\begin{aligned} |x - 3| < \delta \Longrightarrow |(2x - 2) - 4| &= |2x - 6| \\ &= 2|x - 3| \\ &< 2\delta = 2 \cdot \frac{\epsilon}{2} = \epsilon \end{aligned}$$

예제 2.17 $\lim_{x \to 0} x \sin\left(\dfrac{1}{x}\right) = 0$를 증명하시오.

[풀이] 임의로 주어진 $\epsilon > 0$에 대해서, $\delta = \epsilon$로 잡으면 다음이 성립한다.

[5] https://en.wikipedia.org/wiki/

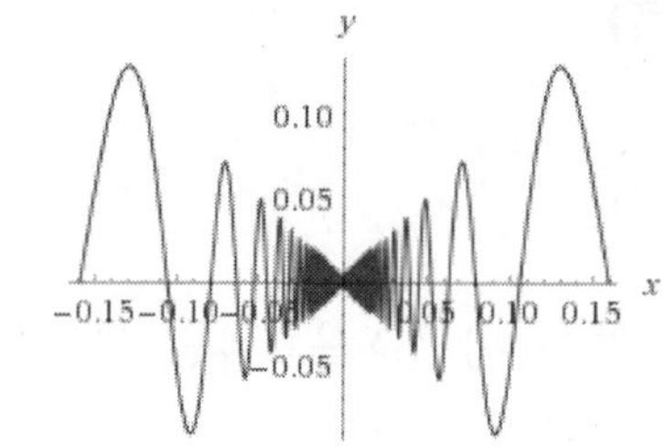

그림 2.2: $f(x) = x\sin\left(\frac{1}{x}\right)$

$$\begin{aligned} |x-0| < \delta \Longrightarrow \left| x\sin\left(\frac{1}{x}\right) - 0 \right| &= \left| x\sin\left(\frac{1}{x}\right) \right| \\ &= |x| \left| \sin\left(\frac{1}{x}\right) \right| \\ &\le |x| < \delta = \epsilon \end{aligned}$$

2. 수열의 극한

수열의 극한의 현대적 정의는 1816년 Bolzano 와 1870년 Weierstrass 에 의해서 만들어 졌다. 그 정의는 다음과 같다.

$$\forall \epsilon > 0,\ \exists n_0 \in \mathbb{N} \text{ s.t. } \forall n \ge n_0 \Longrightarrow |a_n - a| < \epsilon$$

예제 2.18 $\displaystyle\lim_{n\to\infty} \frac{1}{n} = 0$를 증명하시오.

[풀이] 임의로 주어진 $\epsilon > 0$에 대해서, $\frac{1}{\epsilon} < n_0$인 자연수 n_0를 선택하자. 그러면 다음이 성립한다.

$$n \ge n_0 \Longrightarrow \left| \frac{1}{n} - 0 \right| = \frac{1}{n} \le \frac{1}{n_0} < \epsilon$$

읽기 자료: 사고 양식[6]

Piaget는 형식적 조작기의 인간의 사고 양식이 군(群, group)의 구조[7]를 이루고 있음을 주장하고 있다. 인간은 11, 12세가 되면 어떤 인과적인 상황에 당면하면 다음과 같은 자문을 한다 ([6], 235).

- p이면 q인가? ($p \to q$)
- p이면서 q가 아닌 경우가 있는가? ($p \wedge \sim q$)
- q이면 p인가? ($q \to p$)
- q이면서 p가 아닌 경우가 있는가? ($\sim p \wedge q$)

위와 같은 사고 사이의 변환을 생각해보자.

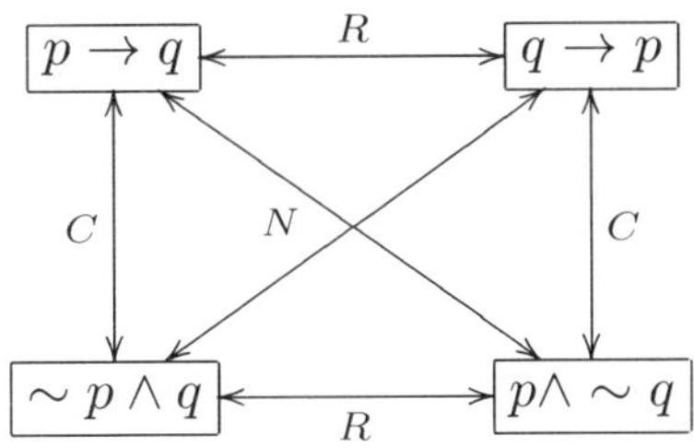

그림 2.3: 사고 사이의 변환: N, R, C

변환의 집합 $K := \{I, N, R, C\}$는 변환의 합성하에 Klein의 4원군을 이루고 있음을 알 수 있다. 여기서 I는 항등변환을 의미한다. 표 2.13은 Klein의 4원군의 군 표(Cayley table)를 나타내고 있다. 군 K의 모든 원소는 차수(order) 2이고 또한, $C = N \circ R = R \circ N$임을 알 수 있다.

Piaget에 의하면, 변환 N과 R을 사고의 가역성이라고 하여, 사고변환의 결합성질과 함께 조작적 사고 양식의 결정적 특징으로 보고 있다. Piaget는 다음과 같이 주장하고 있다([6], 235에서 재인용).

[6] 우정호, 학교수학의 기초, 2006 참조

[7] 주어진 이항연산에 닫혀있고, 항등원이 존재하고 각 원에 대한 역원이 존재하며 또한 결합법칙이 성립하는 대수적 구조를 의미한다.

$\circ$	I	N	R	C
I	I	N	R	C
N	N	I	C	R
R	R	C	I	N
C	C	R	N	I

표 2.13: Klein의 4원군

> 일반적으로 말해, '군'이란 지적 행동의 기본적인 특성, 즉 행동의 조정 가능성과 되돌림 가능성 및 우회 가능성의 상징적 번역이다.

Klein의 4원군은 다음과 같이 기하적으로 묘사될 수 있다. 평면 위에 있는 정사각형이 아닌 직사각형을 생각하고 이 직사각형의 중심 O를 지나는 직선을 축으로 하는 $\mathbb{R}^3$의 회전 중에서 이 직사각형을 그 자신에 겹치도록 하는 회전 전체의 집합으로 생각할 수 있다. 실제로, 이 집합은 선대칭 H, V과 회전대칭 $R_{0^\circ}, R_{180^\circ}$으로 구성된다.

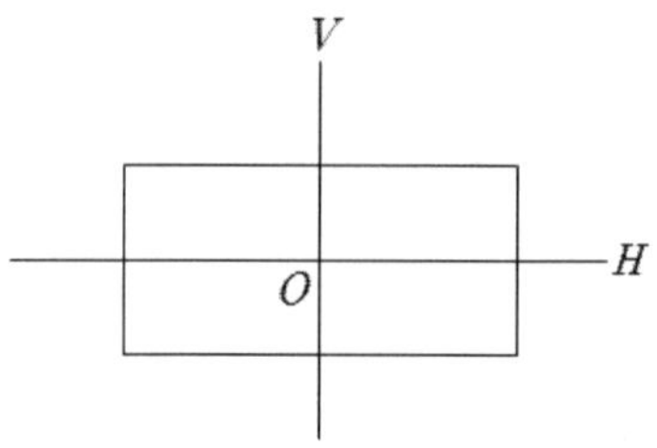

그림 2.4: 직사각형의 강체 운동(rigid motion)

읽기 자료: 논리[8]

우리는 일상에서 '논리'란 말을 사용하고 있다. 때로는 그 말을 주변에서 너무 자주 사용하여 그 의미를 따질 필요가 없는 낱말로 여길 수 있기도 하지만 또 다른 한편으로 그 말이 너무 모호해서 무엇을 의미하는지 분명치 않다고 생각하는 수도 있다. 단순하게 말해서 논리는 말이나 사고의 일관성(consistency)관 연관되어 있다라고 볼 수 있다.

논리란 사고의 양식, 사고의 패턴, 사고의 법칙을 말하기도 하고, 그러한 것을 형식화 및 이상화한 언어체계를 말하기도 한다([?], p. 144). 그러나 이 장에서 배운 형식화된 논리 형식 또는 패턴에 대한 지식이 과연 교육적인 측면에서 중요한 관심사인가? 즉, 그러한 지식이 논리적 사고 과정을 자극하고 개선하는 도구가 될 수 있는가?

내용을 무시한채 단지 논리 형식을 진리표를 사용하여 가르치는 것은 사고의 도구로서의 의미가 적은 수학 내용을 학습시키는 것이다. 실제로 논리 형식은 사고 과정의 일관성을 점검하는 도구라고 할 수 있지만, 문제를 해결하고, 개념을 정의하고 이론을 조직화하는 데에는 큰 역할을 하지 못한다. 수학에서 사용되고 있는 사고 양식은 단지 몇개의 형식 논리의 결합으로부터 만들어 질 수 없는 다양한 사고 경험과 결부된 복합적인 사고 전략이다. 다시 말해서, 형식 논리는 사고 양식의 생성원 역할로서는 불충분하다. 따라서 수학적 활동에 내재된 논리는 형식화하기 어려우며 또한 거의 형식화되어 있지 않다. 형식화되어 있지 않은 수학적인 사고 양식에는 문제 해결에 사용되는 다양한 전략을 생각해 볼 수 있다. 문제 해결에는 실제로 해보기, 식 만들기, 예상과 확인, 그림 그리기, 표 만들기, 규칙 찾기, 단순화 하기, 거꾸로 풀기, 목록 만들기, 특수화 하기, 실험해 보기, 추론하기, 관점을 바꾸어 보기 등이 있다. 우리가 수학적인 사고를 할 때 어떤 사고 전략을 사용하고 있는가를 의식적으로 반성하여 그것을 교육에 반영해야 할 것이다. 그러한 사고 전략은 방법적 지식이므로 학생 스스로, 탐구의 경험을 통해 또한 교사가 사고하는 방식을 주목하고 그 사고 방식을 모방하는 사고 경험을 그리고 발견을 안내하는

[8]우정호, 학교수학의 기초, 2006 참조

의사소통을 통해서, 학습해야 한다.

논리 또한 논리적 탐구 상황에 대한 분석을 통해서 학습되도록 해야 한다. 비수학적인 언어적 추론이나 정리의 증명 가운데서 논리적인 패턴을 발견하고 그것을 적절히 사용하는 것을 배워야 할 것이다. 예를 들어, 다음과 같은 추론 "수학자들은 모두 밤 늦도록 공부하는 것을 좋아하지. 그런데 나도 밤 늦도록 공부하는 것을 좋아하지. 따라서 나는 수학자가 될 거야."은 후건긍정의 오류를 나타내는 유효하지 않은 추론이 됨을 알 수 있다. 또한 명제 "$A \times B = \emptyset$이면 $A = \emptyset$ 또는 $B = \emptyset$"의 다음과 같은 증명을 살펴보자. "$A \neq \emptyset$ 이고 $B \neq \emptyset$라고 가정하자. 그러면 집합 A와 B 각각에 속하는 원소 a와 b가 존재한다. 따라서 $(a, b) \in A \times B$이고 따라 $A \times B \neq \emptyset$이다." 위 증명 과정에 대한 분석을 통해 사고 패턴을 인식시킬 수 있다. 위의 증명에서 방법론적인 측면에서 주어진 조건 명제의 대우명제가 사용되었음을 알 수 있다. 그리고 De Morgan의 정리를 포함한다.

제 3 장

관 계

우리의 일상은 여러 가지의 복잡한 관계들로 이루어져 있고 또한 수학에서도 분류와 유별의 관점에서 여러 가지의 관계들을 다루고 있다. 이를테면, 가족관계, 친구관계, 연인관계, 합동관계, 동치관계, 닮음관계 등이 있다.

이 장에서는 이러한 수학이나 우리의 일상에서 접할 수 있는 여러 가지의 관계들에서 공통된 점을 추상화하여 수학적으로 형식화한 구조를 살펴본다. 다음의 두 질문으로 이 장을 시작합니다.

> '주어진 빵을 똑같은 크기로 네 조각낸 후 그 중 두 조각을 먹었습니다. 이것을 분수로 나타내시오'라는 문제에서 어떤 학생이 답으로 1/2을 적었다면 어떻게 처리해야 할까요? 또한 먹은 양은 얼마입니까? 라는 질문이라면 이 학생의 답을 어떻게 처리해야 할까요?

다음 두 가지의 정다각형 정의에 대해서 논의해 보세요.

(1) 변의 길이가 모두 같고 각의 크기가 모두 같은 다각형

(2) 모든 변이 합동이고, 모든 각이 합동인 다각형

1 곱집합

1.1 순서쌍과 곱집합

우리 사고의 대상물 중에는 간혹 짝을 이룰 때 순서를 필요로 하는 경우가 있다. 직관적으로, **순서쌍**(ordered pair)이란 특정한 순서를 가지는 두 원소로 이루어진 모임이다.[1] 이 경우 특정한 순서는 실제로 중요한 것은 아니다. 중요한 것은 순서쌍들은 다음의 성질을 가진다는 것이다.

$$(a, b) = (c, d) \implies a = c,\ b = d \tag{3.1}$$

여기서,「순서」라는 정의되지 않은 새로운 개념을 도입하지 않고 식 (3.1)를 만족하도록 순서쌍을 정의할 수는 없을까? 다음 정의는 이미 알고 있는 쌍(unordered pair)의 개념을 이용하여 순서쌍(ordered pair)을 정의하는 하나의 방법을 보여준다.

정 의 순서쌍 (a, b)는 다음과 같은 집합으로 정의된다.

$$(a, b) := \{\{a\}, \{a, b\}\}$$

주의 순서쌍의 정의로부터 다음을 알 수 있다.

(1) $a \neq b \implies (a, b) \neq (b, a)$

(2) $(a, b) = (c, d) \implies a = c,\ b = d$

정 의 두 집합 A와 B가 주어졌을 때, A의 하나의 원소 a와 B의 하나의 원소 b로 만든 순서쌍 (a, b)의 집합을 A와 B의 **곱집합**(product set)이라 하고 $A \times B$로 나타낸다. 즉,

$$A \times B := \{(a, b) \,|\, a \in A \text{ 그리고 } b \in B\}$$

[1] 일반적으로, 순서를 고려하지 않은 두 원소 a와 b의 모임은 집합 기호를 사용하여 $\{a, b\}$로 나타내며, 순서없는 쌍 또는 무순서쌍(unordered pair)이라 부른다. 순서없는 쌍의 존재는 Zermelo-Fraenkel의 공리론적 집합론에서 공리 중 하나이다.

주의 $A \times B$를 경우에 따라서는 카티션적(Cartesian product) 또는 직적(直積, direct product)이라 부르기도 한다. 곱집합의 정의로부터 다음의 사실을 알 수 있다.

(1) $A \times B = \emptyset \iff A = \emptyset$ 또는 $B = \emptyset$

(2) 일반적으로, $A \times B \neq B \times A$이다.

곱집합의 개념은 두 개보다 많은 집합으로 확장될 수 있다. 예를 들어, 세 집합 A, B, C의 곱집합은 $A \times B \times C$로 표시하고, $a \in A, b \in B, c \in C$인 순서있는 3개 한 벌(3-tuple) (a, b, c)들로 이루어 진다.[2] 즉

$$A \times B \times C := \{(a, b, c) \,|\, a \in A,\ b \in B \text{ 그리고 } c \in C\}$$

일반적으로, n개의 집합 $A_1, A_2, \ldots, A_n$의 곱집합은 $A_1 \times A_2 \times \cdots \times A_n$ 으로 표시하고, $a_1 \in A_1, a_2 \in A_2, \ldots, a_n \in A_n$인 순서있는 n개 한 벌(n-tuple) $(a_1, a_2, \ldots, a_n)$들로 이루어 진다. 즉,

$$A_1 \times A_2 \times \cdots \times A_n := \{(a_1, a_2, \ldots, a_n) \mid a_1 \in A_1, a_2 \in A_2, \ldots, a_n \in A_n\}$$

이제, 수 집합 $\mathbb{R}$을 일직선으로 나열한 점으로 나타내면, $\mathbb{R} \times \mathbb{R}$의 원소인 순서쌍 (x, y)는 해석기하학에 있어서와 같이 좌표 x, y를 갖는 평면의 점으로써 나타낸다. 따라서 좌표평면상의 모든 점의 집합은 그림 3.1과 같이 $\mathbb{R} \times \mathbb{R} = \mathbb{R}^2$으로 표현된다.

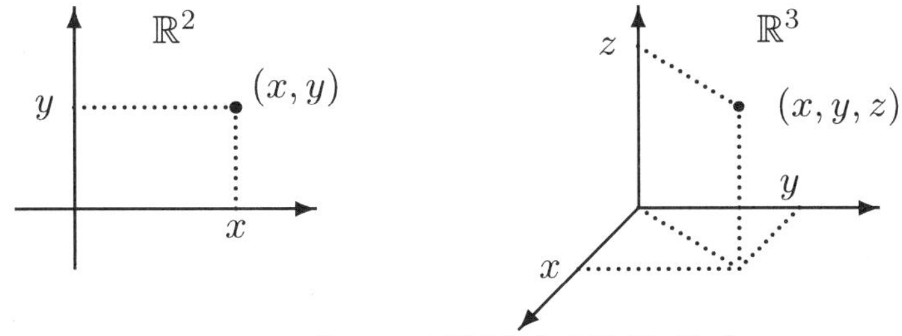

그림 3.1: 2차원과 3차원 공간

---

[2] $A \times B \times C = (A \times B) \times C = A \times (B \times C)$.

같은 방법으로, 3차원 공간의 모든 점의 집합은 $\mathbb{R}\times\mathbb{R}\times\mathbb{R} = \mathbb{R}^3$ (그림 3.1 참조)로, 4차원 공간의 모든 점의 집합은 $\mathbb{R}^4$로 표현될 수 있다.[3]

일반적으로, n차원 공간상의 모든 점의 집합은 다음과 같다.

$$\mathbb{R}^n = \underbrace{\mathbb{R} \times \mathbb{R} \times \cdots \times \mathbb{R}}_{n} = \{(x_1, x_2, \ldots, x_n) \mid x_i \in \mathbb{R}\ (1 \le i \le n)\}$$

예제 3.1 단위원을 S^1이라고 두자. 그러면 S^1과 $\mathbb{R}$의 곱집합

$$S^1 \times \mathbb{R} = \{(x, y) \mid x \in S^1,\ y \in \mathbb{R}\}$$

을 이를 기하적으로 표현하면 그림 3.2와 같은 무한 원주면과 유사한 모양이다. 또한

$$S^1 \times S^1 = \{(x, y) \mid x,\ y \in S^1\}$$

은 (위상)기하적으로 윤환면(torus)를 나타낸다(그림 3.2 참조). 윤환면의 좀 더 자세한 수학적인 식은 이 장의 읽기 자료를 참고하기 바란다.

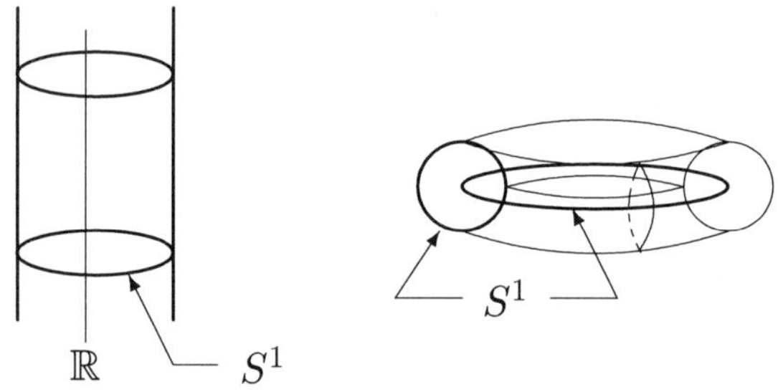

그림 3.2: 무한 원주면과 윤환면

[3]실제로 이 세계를 느낄 수는 없으나 존재함을 알 수 있다. 예를 들어, 시간을 고려한 3차원 공간속을 날아 다니는 파리를 상상해보라. 또한 5차원, 더 나아가 n차원 공간이란 단지 인류의 공상일지 모르나 사실은 인류의 공상이 아니고 실존이며 이것은 위대한 발견의 하나인 것이다. 4차원 공간을 좀 더 이해하기를 원한다면 이 장의 읽기 자료를 참고하기 바란다.

예제 3.2 (읽기 자료 참조) $A = \{a, b\}$이고 $B = \{x, y, w\}$이면

$$A \times B = \{(a,x),(a,y),(a,w),(b,x),(b,y),(b,w)\}$$

정리 3.1 임의의 집합 A, B, C와 D에 대하여 다음이 성립립한다.

(1) $A \times (B \cap C) = (A \times B) \cap (A \times C)$

(2) $A \times (B \cup C) = (A \times B) \cup (A \times C)$

(3) $(A \times B) \cap (C \times D) = (A \cap C) \times (B \cap D)$

[증명] (1) 곱집합의 정의로부터 다음을 얻을 수 있다.

$$\begin{aligned}(x,y) \in A \times (B \cap C) &\iff x \in A \text{ 그리고 } y \in B \cap C\\ &\iff x \in A \text{ 그리고 } y \in B \text{ 그리고 } y \in C\\ &\iff (x,y) \in A \times B \text{ 그리고 } (x,y) \in A \times C\\ &\iff (x,y) \in (A \times B) \cap (A \times C)\end{aligned}$$

(2)와 (3)도 (1)과 유사한 방법으로 성립함을 보일 수 있다. 참고로, (3)인 경우는 그림 3.3처럼 직관적으로 생각할 수도 있다.

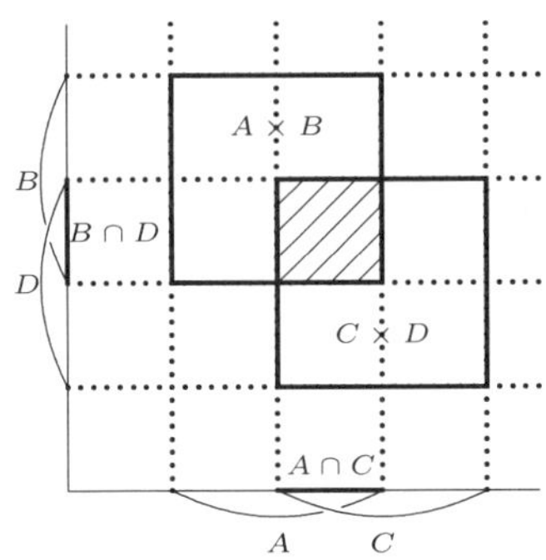

그림 3.3: $(A \times B) \cap (C \times D) = (A \cap C) \times (B \cap D)$

■ 연습문제 3.1

1. 만일 $(a, b) = (c, d)$이면, $a = c$이고 $b = d$임을 증명하여라.
2. $A \times B = \emptyset$일 필요충분조건은 $A = \emptyset$ 또는 $B = \emptyset$임을 밝혀라.
3. 다음 집합을 평면 $\mathbb{R}^2$상의 그래프로 표시하여라.
   (a) $\{(x, y) \in \mathbb{R}^2 \mid y = x^3\}$ (b) $\{(x, y) \in \mathbb{R}^2 \mid 1 \leq x^2 + y^2 \leq 9\}$
   (c) $\{(x, y) \in \mathbb{R}^2 \mid x + y < 9\}$ (d) $\{(x, y) \in \mathbb{R}^2 \mid x^2 + 9y^2 < 9\}$
4. 다음 집합을 평면 $\mathbb{R}^2$ 또는 공간 $\mathbb{R}^3$에 나타내어라.
   (a) $\{x \in \mathbb{R} \mid 0 < x \leq 1\} \times \{x \in \mathbb{R} \mid 0 \leq x < 1\}$
   (b) $[0, \infty) \times (-1, 2]$
   (c) $[0, 1] \times [0, 1] \times [0, 1]$
   (d) $\{(x, y, z) \in \mathbb{R}^3 \mid z = y^2 - x^2\}$ (읽기 자료 참조)
   (e) $\{(x, y, z) \in \mathbb{R}^3 \mid z = \sqrt{x^2 + y^2}\}$
5. $A = \{1, 2, 3\}$, $B = \{a, b\}$, $C = \{x, y, z\}$일 때, $A \times B \times C$를 구하여라.
6. 집합 A의 원소의 개수가 n이고 집합 B의 원소의 개수가 m이면, 곱집합 $A \times B$의 원소의 개수는 몇 개인가?
7. 두 유한집합의 곱집합을 다양한 형태로 모델화 하여라.
8. 정리 3.1의 (2)와 (3)을 증명하여라.

2 관계와 그 그래프

2.1 이변수 명제함수

두 집합 A, B의 곱집합 $A \times B$상에서 정의된 명제함수는 $P(x, y)$로 표현되는 데, 임의의 순서쌍 $(a, b) \in A \times B$에 대하여 $P(a, b)$는 참 또는 거짓이 명확히 판단되어야 한다. 즉,

$$P : A \times B \to \{T, F\}$$

인 함수이다. 예를 들어, 극작가(playwright)들의 집합을 A, 작품(plays)들의 집합을 B라고 했을 때,

$$P(x, y) = \text{‘}x\text{는 }y\text{를 저술했다’}$$

는 $A \times B$상의 명제함수가 된다. 실제로,

$$P(\text{섹스피어, 햄닛}) = \text{'섹스피어는 햄닛을 저술했다'}$$
$$P(\text{섹스피어, 파우스트}) = \text{'섹스피어는 파우스트을 저술했다'}$$

는 각각 참과 거짓이다.

2.2 관계

정 의 관계(relation) R은 두 집합 A, B 그리고 $A \times B$상에 정의된 명제함수 $P(x, y)$로 이루어 진다. 이러한 관계 R을 **A에서 B로의 관계**(relation from A to B)라고 부르고, 이를

$$R = (A, B, P(x, y))$$

로 나타낸다. 더욱이, $P(a, b)$가 참이면

$$a\,R\,b$$

라고 쓰고 'a는 b와 관계된다(a is related to b)'라고 읽는다. 반면, $P(a, b)$가 참이 아니면

$$a\,\overline{R}\,b$$

라고 쓰고 'a는 b와 관계되지 않는다(a is not related to b)'라고 읽는다.

예제 3.3 $R = (A, B, P(x, y))$라고 하자. 여기서 A는 남자들의 집합, B는 여자들의 집합, $P(x, y)$ 는 'x는 y의 남편이다' 그러면, R은 A에서 B로의 관계가 된다.

예제 3.4 $R = (\mathbb{N}, \mathbb{N}, P(x, y))$라고 하자. 여기서

$$P(x, y)\text{는 '}x\text{는 }y\text{를 나눈다'}$$

그러면 R은 관계가 된다. 그 이유는 임의의 두 양의 정수 n, m에 대하여, n은 m을 나누거나 또는 나누지 못하는 두 경우만 있기 때문이다. 즉,

임의의 $(n,m) \in \mathbb{N} \times \mathbb{N}$에 대하여, $P(n,m)$은 참이거나 또는 거짓이다. 더욱이,

$$3\,R\,12,\ \ 12\,\overline{R}\,3,\ \ 2\,\overline{R}\,9$$

$R = (A, B, P(x,y))$가 관계일 때, '$P(x,y)$는 A에서 B로의 관계를 정의한다'라고 한다. 더욱이, $A = B$이면 '$P(x,y)$는 A에서의 관계를 정의한다'라고 하거나 또는 'R은 A에서의 관계이다'라고 말한다. 이를테면,

- 예제 3.3에서, 열린문장 'x는 y의 남편이다'는 남자들의 집합에서 여자들의 집합으로의 관계를 정의한다.

- 예제 3.4에서, 열린문장 'x는 y를 나눈다'는 양의 정수의 집합에서의 관계를 정의한다. 또는 R은 양의 정수의 집합에서의 관계이다.

2.3 해집합과 관계의 그래프

정 의 $R = (A, B, P(x,y))$를 한 관계라고 하자. $P(a,b)$를 참으로 하는 모든 원소 $(a,b) \in A \times B$로 구성된 집합을 R의 **해집합**(solution set)이라고 하고, R^*로 나타낸다. 다시 말해서,

$$R^* = \{(a,b) \in A \times B \mid P(a,b)\text{는 참}\}$$

주어진 관계 $R = (A, B, P(x,y))$에 대해서, $R^* \subset A \times B$이다. 경우에 따라서, $A \times B$의 좌표 다이아그램상에 R^*를 점이나 곡선 또는 영역 등으로 나타낼 수 있다.

A에서 B로의 관계 R의 **그래프**(graph)는 R의 해집합에 속하는 $A \times B$의 좌표 다이아그램상의 점으로 구성된다.

주의 주어진 관계 $R = (A, B, P(x,y))$에 대해서, R의 해집합 R^* 자체를 R의 그래프로 간주하여도 무방하다.

예제 3.5 주어진 관계 $R = (A, B, P(x, y))$에서,

$$A = \{2, 3, 4\},\ \ B = \{3, 4, 5, 6\}$$

그리고

$$P(x, y)\text{는 ‘}x\text{는 }y\text{의 약수이다’}$$

라고 하자. 그러면 R의 해집합은

$$R^* = \{(2, 4), (2, 6), (3, 3), (3, 6), (4, 4)\}$$

이고, 그 그래프는 그림 3.4과 같다.

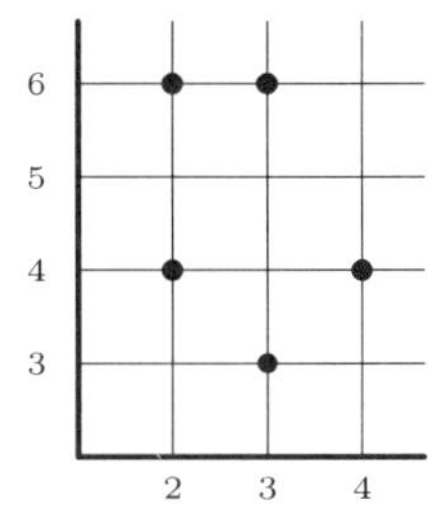

그림 3.4: $A \times B$의 좌표 다이아그램과 R의 그래프

예제 3.6 R이 $y < x$로 정의된 $\mathbb{R}$에서의 관계라면, R의 해집합은

$$R^* = \{(a, b) \in \mathbb{R} \times \mathbb{R} \mid b < a\}$$

이고, 그 그래프는 그림 3.5과 같다.

예제 3.7 R이 $x^2 \leq 1 - y^2$로 정의된 $\mathbb{R}$에서의 관계라면, R의 해집합은

$$R^* = \{(a, b) \in \mathbb{R} \times \mathbb{R} \mid a^2 + b^2 \leq 1\}$$

이고, 그 그래프는 그림 3.6과 같다.

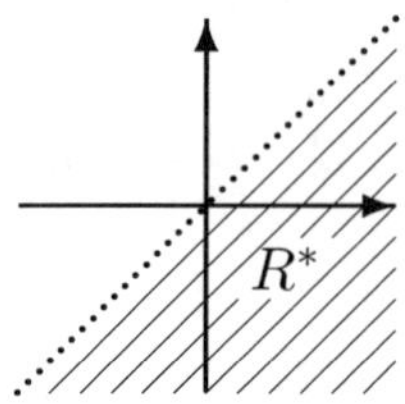

그림 3.5: R의 그래프

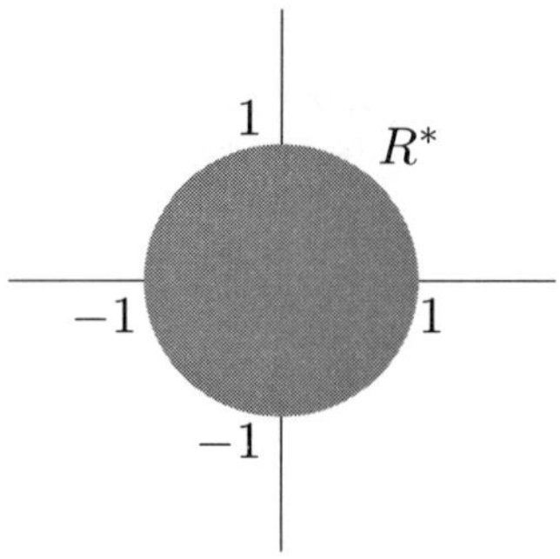

그림 3.6: $R^* = \{(a,b) \in \mathbb{R} \times \mathbb{R} \,|\, a^2 + b^2 \leq 1\}$

예제 3.8 주어진 관계 $R = \Big(\mathbb{R}^2, \mathbb{R}, P\big((x,y),z\big)\Big)$에서

$$P\big((x,y),z\big) : z = x^2 + y^2$$

라고 하자. 그러면 R의 해집합은

$$R^* = \{\big((a,b),c\big) : c = a^2 + b^2\}$$

이고 그 그래프는 그림 3.7과 같다.

2.4 순서쌍의 부분집합으로서의 관계

주어진 두 집합을 A와 B라고 하자. 먼저, 곱집합 $A \times B$의 임의의 부분집합 S에 대하여

$P(x,y)$는 '순서쌍 (x,y)는 S에 속한다.'

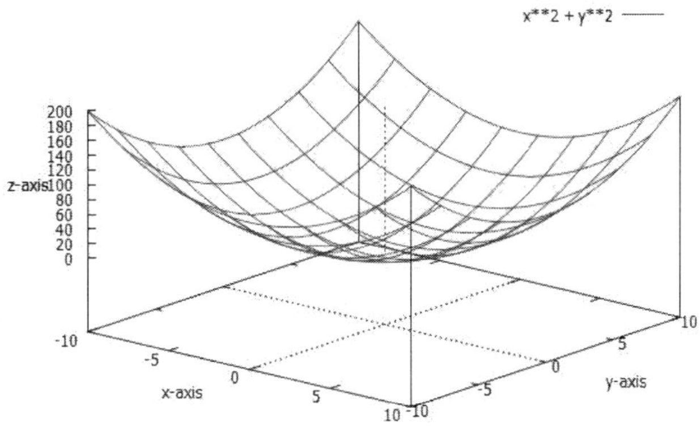

그림 3.7: $R^* = \{\big((a,b),c\big) : c = a^2 + b^2\}$

라고 하면, $P(x,y)$는 $A \times B$상의 명제함수가 되고 따라서 A에서 B로의 관계 $R = (A, B, P(x,y))$를 정의한다(그림 3.8 참조). 또한 이 대응은 잘 정의된 사상임을 알 수 있다.

역으로, A에서 B로의 임의의 관계 $R = (A, B, Q(x,y))$에 대하여 R의 해집합 R^*는 $A \times B$의 부분집합이다(그림 3.8 참조). 이 대응은 잘 정의된 사상임을 알 수 있다.

$$\{S \mid S \subset A \times B\} \longleftrightarrow \{R = (A, B, P(x,y)) \mid P(x,y)\}$$

$$S \longrightarrow R = (A, B, P(x,y)) \quad P(x,y) : \ (x,y) \in S$$

$$R^* \longleftarrow R$$

그림 3.8: 관계

이제, 주어진 두 집합 A와 B에 대하여, A에서 B로의 관계들 전체 집합과 $A \times B$의 멱집합 사이에는 일대일 대응이 있음을 보이자.

(1) $S \mapsto R = (A, B, P(x)) \mapsto R^* = S$, 여기서 $P(x,y) : (x,y) \in S$

(2) $R = (A, B, Q(x,y)) \mapsto R^* \mapsto T = (A, B, P(x,y)) = R$, 여기서 $P(x,y) : (x,y) \in R^*$. 왜냐하면,

$$P(x,y) = Q(x,y), \forall (x,y) \in A \times B \iff T = R$$

위의 논의로부터, 다음과 같이 관계(relation)를 다시 정의할 수 있다.

정 의 주어진 두 집합 A와 B에 대하여, A에서 B로의 관계 R은 곱집합 $A \times B$의 부분집합이다. 즉, $R \subset A \times B$.

주의 다음에 주목하자.

- 관계에 대한 위의 정의가 인위적인 것처럼 보일지라도 이와 같이 관계를 정의하면 '열린문장(명제함수)'이나 '변수'와 같은 정의되지 않은 개념을 사용하지 않을 수 있다는 장점을 가진다.
- 만일 $|A| = m,\ |B| = n$이면, 2^{mn}개의 A에서 B로의 서로 다른 관계가 있다.

예제 3.9 $A = \{2, 3, 4\}, B = \{3, 4, 5, 6\}$일때,

$$R = \{(2, 4), (2, 6), (3, 3), (3, 6), (4, 4)\}$$

는 A에서 B로의 한 관계가 된다. 더욱이,

$$2\,R\,4,\ \ 4\,\overline{R}\,3,\ \ 3\,R\,6,\ \ 4\,\overline{R}\,5$$

■ 연습문제 3.2

1. 주어진 두 집합 $A = \{2, 3, 4\},\ B = \{1, 2, 3, 4, 5, 6\}$에서, A에서 B로의 관계 R을

$$x\,R\,y \iff x\text{는 } y\text{를 나눈다}$$

라고 할 때 R의 해집합과 그래프를 구하여라.

2. 실수의 집합 $\mathbb{R}$에서의 관계 R을

$$x\,R\,y \iff 2x^2 + y^2 - 12x - 4y + 18 = 0$$

로 정의할 때, R의 해집합과 그래프를 구하여라.

3. $A = \mathbb{R}^2$, $B = \mathbb{R}$일때, A에서 B의 관계 R을

$$(x, y)\, R\, z \iff z = \sqrt{x^2 + y^2}$$

로 정의할 때, R의 해집합의 그래프를 그려라.

4. 주어진 집합 A에서의 관계들 중에서
   (a) 포함관계로서 가장 작은 관계는 무엇인가?
   (b) 포함관계로서 가장 큰 관계는 무엇인가?
   (c) 가장 독립적인 관계는 무엇인가?

5. 관계를 정의할 때, 순서쌍을 사용하는 이유에 대하여 논하라.

3 여러 가지의 관계

3.1 역관계

A에서 B로의 임의의 관계 R은

$$R^{-1} = \{(b, a) \in B \times A \,|\, (a, b) \in R\}$$

로 정의되는 B에서 A로의 관계를 가진다. 이 관계 R^{-1}를 R의 **역관계**(inverse relation)라고 한다. 다시 말해서, R의 역관계는 순서쌍의 순서를 바꾸면 R에 속하는 그러한 순서쌍들로 구성된다.

예제 3.10 $A = \{1, 2, 3\}, B = \{a, b\}$라고 할 때,

$$R = \{(1, a), (1, b), (3, a)\}$$

는 A에서 B로의 한 관계이고, 그 역관계는

$$R^{-1} = \{(a, 1), (b, 1), (a, 3)\}$$

이다.

3.2 기본적인 이항관계

A에서 B로의 관계 중에서 A와 B가 같을 경우, A에서 A로의 관계 (A에서의 관계) R을 A에서의 **이항관계**(binary relation)라고 한다. 다시 말해서

$$R \subset A \times A$$

이러한 이항관계와 관련하여, 기본적인 관계로

- 반사관계(reflexive relation)
- 대칭관계(symmetric relation)
- 반대칭관계(anti-symmetric relation)
- 추이관계(transitive relation)

등이 있다. 이들 각각에 대해서 알아보자.

정 의 (반사관계) R를 집합 A에서의 관계라고 하자. 이때,

$$(a,a) \in R,\ \forall a \in A$$

를 만족하면 R를 **반사관계**라고 한다. 즉, A의 모든 원소 각각은 자신과 관계있다.

예제 3.11 $A = \{1,2,3,4\}$라고 할 때,

$$R = \{(1,1),(2,4),(3,3),(4,1),(4,4)\}$$

는 반사관계가 아니다. 그 이유는 $(2,2) \notin R$이기 때문이다.

예제 3.12 A를 유클리드 평면 $\mathbb{R}^2$상에 있는 삼각형들의 집합이라고 하자. 열린문장

'x는 y와 닮은 꼴이다'

로 정의되는 A에서의 관계 R은 반사적이다. 왜냐하면, 모든 삼각형은 자기자신과 닮았기 때문이다.

예제 3.13 실수의 집합 $\mathbb{R}$에서, 열린문장

$$\text{'}x\text{는 }y\text{보다 작다'}$$

로 정의되는 $\mathbb{R}$에서의 관계 R은 반사적이 아니다. 그 이유는 임의의 실수 $a \in \mathbb{R}$에 대하여 $a \not< a$이기 때문이다.

주의 주어진 집합 A의 **대각관계**(diagonal relation) Δ_A는 다음과 같이 정의된다(그림 3.9 참조).

$$\Delta_A = \{(a, a) \mid a \in A\}.$$

그러면, 다음을 쉽게 알 수 있다.

$$R\text{은 }A\text{에서의 반사관계이다} \iff \Delta_A \subset R.$$

특별히, 주어진 집합 A에서의 대각관계 Δ_A는 가장 작은(집합의 포함관계로) 반사관계이다.

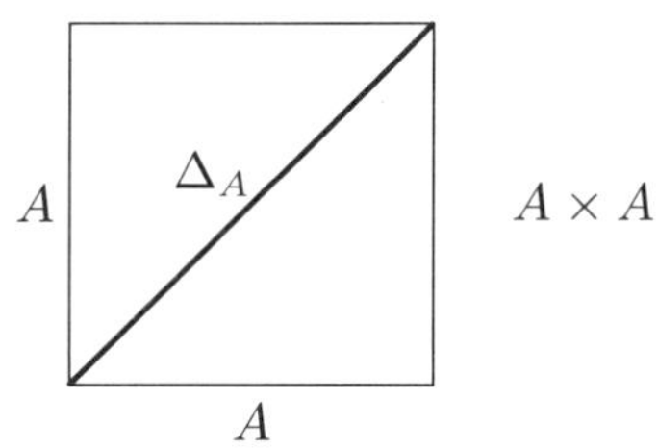

그림 3.9: Δ_A

예제 3.11에서,

$$\Delta_A = \{(1, 1), (2, 2), (3, 3), (4, 4)\},$$

$\Delta_A \not\subset R$ 이고 따라서 R은 반사관계가 아니다.

정 의 (대칭관계) R를 집합 A에서의 관계라고 하자. 이때,

$$(a,b) \in R \implies (b,a) \in R$$

를 만족하면 R를 **대칭관계**(symmetric relation)라고 한다. 즉, 만일 a가 b와 관계가 있으면, b도 또한 a와 관계가 있다.

예제 3.14 $A = \{1,2,3,4\}$라고 할 때,

$$R = \{(1,3),(4,2),(2,4),(2,3),(3,1)\}$$

는 대칭관계가 아니다. 그 이유는

$$(2,3) \in R \text{ 이지만 } (3,2) \notin R$$

이기 때문이다.

예제 3.15 A를 유클리드 평면 $\mathbb{R}^2$상에 있는 삼각형들의 집합이라고 하자. 열린문장

'x는 y와 닮은 꼴이다'

로 정의되는 A에서의 관계 R은 대칭적이다. 왜냐하면, 삼각형 a가 삼각형 b와 닮음이면, b도 또한 a와 닮음이다.

예제 3.16 열린문장

'x는 y를 나눈다'

에 의하여 정의되는 양의 정수의 집합 $\mathbb{N}$에서의 관계 R은 대칭적이 아니다. 왜냐하면,

$$(2,4) \in R \text{ 이지만 } (4,2) \notin R$$

주의 R을 집합 A에서의 한 관계일 때, 다음이 성립한다.

$$R\text{은 대칭적이다} \iff R = R^{-1}$$

예제 3.14에서,

$$R^{-1} = \{(3,1),(2,4),(4,2),(3,2),(1,3)\},$$

$R \neq R^{-1}$ 이고, 따라서 R은 대칭관계가 아니다.

정 의 (반대칭관계) R를 집합 A에서의 관계라고 하자. 이때,

$$(a,b) \in R \text{ 이고 } (b,a) \in R \implies a = b$$

를 만족하면 R를 **반대칭관계**(anti-symmetric relation)라고 한다.

다시 말해서, 만일 $a \neq b$이면, 두 순서쌍 (a,b)와 (b,a) 중 적어도 어느 하나는 R에 속하지 말아야 한다. 즉,

$$(a,b) \notin R \text{ 또는 } (b,a) \notin R$$

예제 3.17 열린문장

'x는 y를 나눈다'[4]

에 의하여 정의되는 양의 정수의 집합 $\mathbb{N}$에서의 관계 R은 반대칭적이다. 왜냐하면,

$$a \mid b \text{ 이고 } b \mid a \implies a = b$$

예제 3.18 $A = \{1,2,3,4\}$라고 할 때,

$$R = \{(1,3),(4,2),(4,4),(2,4)\}$$

는 반대칭관계가 아니다. 그 이유는

$$4 \neq 2 \text{ 이지만, } (4,2) \in R \text{ 이고 } (2,4) \in R$$

이기 때문이다.

[4]이것을 편의상 수학 기호로 $x \mid y$로 나타낸다

예제 3.19 열린문장

$$\text{'}x\text{는 } y\text{의 부분집합이다'}$$

에 의하여 정의되는 한 집합족(a family of sets) $\mathcal{A}$에서의 관계 R은 반대칭적이다. 왜냐하면,

$$A \subset B \text{ 이고 } B \subset A \implies A = B$$

라는 이유 때문이다.

주의 R을 집합 A에서의 한 관계일 때, 다음이 성립한다.

$$R\text{은 반대칭적이다} \iff R \cap R^{-1} \subset \Delta_A$$

왜냐하면, 다음이 성립하기 때문이다.

$$(x, y) \in R \cap R^{-1} \iff (x, y) \in R \text{ 이고 } (y, x) \in R$$

예제 3.18에서,

$$R^{-1} = \{(3, 1), (2, 4), (4, 4), (4, 2)\}$$

이고,

$$R \cap R^{-1} = \{(2, 4), (4, 4), (4, 2)\} \not\subset \Delta_A$$

이다. 따라서 R은 반대칭적관계가 아니다.

정 의 (추이관계) R를 집합 A에서의 관계라고 하자. 이때,

$$(a, b) \in R \text{ 이고 } (b, c) \in R \implies (a, c) \in R$$

를 만족하면 R를 **추이관계**(transitive relation)라고 한다. 다시 말해서, a가 b와 관계가 있고 b가 c와 관계가 있으면, a는 c와 관계가 있다.

예제 3.20 A를 지구상에 있는 사람들의 집합이라고 하자. 열린문장

$$\text{'}x\text{는 } y\text{를 사랑한다'}$$

에 의하여 정의되는 A에서의 관계 R은 추이적이 아니다.

예제 3.21 실수의 집합 $\mathbb{R}$에서, 열린문장

'x는 y보다 작다'

로 정의되는 $\mathbb{R}$에서의 관계 R은 추이적이다. 그 이유는

$$a < b \text{ 이고 } b < c \implies a < c$$

이기 때문이다.

예제 3.22 $A = \{1, 2, 3\}$일 때, A에서의 관계

$$R = \{(1,2), (3,2), (2,1), (1,3)\}$$

은 추이적이 아니다. 왜냐하면,

$$(3,2) \in R \text{ 이고 } (2,1) \in R \text{ 이지만, } (3,1) \notin R$$

이다.

예제 3.23 열린문장

'x는 y의 부분집합이다'

에 의하여 정의되는 한 집합족(a family of sets) $\mathcal{A}$에서의 관계 R은 추이적이다. 왜냐하면,

$$A \subset B \text{ 이고 } B \subset C \implies A \subset C$$

라는 이유 때문이다.

3.3 동치관계

수학에서는 사물을 어떤 주어진 기준에 따라 분류하는 경우가 흔이 있다. 이러한 경우에 사물들을 분류기준에 따라 동일시 (identification) 해야 한다. 이를테면, 분수표시에서

$$\frac{1}{2} = \frac{2}{4} = \frac{3}{6} = \cdots$$

이고, 시간의 경우에서

$$1\text{시} = 13\text{시} = \cdots$$

이와 같이 동일시하는 것은 임의로 행하는 것이 아니고, 어떠한 장치(동치관계)를 마련해 두고서 이 동치관계가 성립한다는 뜻(관점)에서「같다」고 판정하고 있는 것이다.

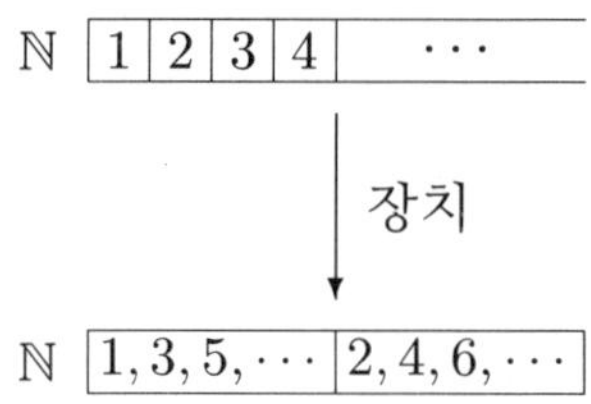

그림 3.10: 동치관계

역으로 말하자면, 동치관계에 대한 다음의 세 가지 조건은「같다」는 것끼리가 만족하지 않으면 아니될 최소한의 수학적 규준이다.

정 의 (동치관계) R을 집합 A에서의 관계라고 할 때, 다음의 세 조건

(a) R은 반사적이다. 즉, $(a, a) \in R,\ \forall a \in A$.

(b) R은 대칭적이다. 즉, $(a, b) \in R \implies (b, a) \in R$.

(c) R은 추이적이다. 즉, $(a, b) \in R,\ (b, c) \in R \implies (a, c) \in R$.

을 만족하면 R을 A에서의 **동치관계**(equivalence relation)라고 한다.

주의 동치관계는 수학에 있어서 중요한 역활을 한다. 이를테면, 대수학에 있어서 인자군(factor group), 위상수학에 있어서 상공간(quotient space), 수론에 있어서 모듈수계(modular number system) 등은 임의 종류의 동치관계와 깊은 관련성이 있다.

예제 3.24 A를 유클리드 평면 $\mathbb{R}^2$상에 있는 삼각형들의 집합이라고

하자. 열린문장

'x는 y와 닮은 꼴이다'

로 정의되는 A에서의 관계 R은 동치관계이다.

예제 3.25 동치관계의 가장 중요한 예는 '상등관계'(equality, =)이다.

예제 3.26 k를 임의의 고정된 정수라고 하자. 열린문장

'$x-y$는 k의 배수이다'

에 의하여 정의되는 정수의 집합 $\mathbb{Z}$에서의 관계 R은 동치관계이다.[5]

[풀이] (a) R은 반사적이다: 각 $m \in \mathbb{Z}$에 대하여, $m-m=0=k\cdot 0$.
(b) R은 대칭적이다: $m-n=ka \implies n-m=k(-a)$.
(c) R은 추이적이다: $m-n=kp,\ n-l=kq \implies m-l=k(p+q)$.

예제 3.27 집합 $\mathbb{N}\times\mathbb{N}$에서의 관계를 다음과 같이 정의하자. 임의의 두 순서쌍 $(a,b),(c,d)\in\mathbb{N}\times\mathbb{N}$에 대하여,

$$(a,b)\,R\,(c,d) \iff a+d=b+c$$

위의 정의에 있는 이항관계 R은 집합 $\mathbb{N}\times\mathbb{N}$에서의 동치관계가 된다.[6]

[풀이] (a) R은 반사적이다: 각 $(a,b)\in A$에 대하여, $a+b=b+a$.
(b) R은 대칭적이다: $a+d=b+c \implies c+b=d+a$.
(c) R은 추이적이다: $a+d=b+c,\ c+f=d+e \implies a+f=b+e$.

[5] 일반적으로 이 동치관계를 $\mathbb{Z}$에서의 법(modulus) k에 관한 합동관계 (congruence)라고 부르고,

$$m\equiv n \pmod{k}$$

로 표현한다. 예를 들어, $10\equiv 6 \pmod{4}$. 법 k에 관한 합동관계는 일상생활에서 흔히 접할 수 있다. 이를테면, 달력, 시계 등이 있다.

[6] 이 동치관계는 자연수의 집합 $\mathbb{N}$으로부터 정수의 집합 $\mathbb{Z}$를 구성할 때 사용된다.

예제 3.28 $A = \mathbb{Z} \times (\mathbb{Z} \setminus \{0\})$라고 할 때, A에서의 관계 R을

$$(a, b)\, R\, (c, d) \iff ad = bc$$

로 정의하면, R은 동치관계가 된다.[7]

[풀이] (a) R은 반사적이다: 각 $(a, b) \in A$에 대하여, $ab = ba$.

(b) R은 대칭적이다: $ad = bc \implies cb = da$.

(c) R은 추이적이다: $ad = bc,\ cf = de \implies af = be$.

주의 주어진 임의의 집합 $A\,(\neq \emptyset)$에 대하여, A에서의 관계들 중에는 반드시 적어도 두 개의 동치관계가 있다. 즉, 집합의 포함관계에 있어서, 최소인 Δ_A와 최대인 $A \times A$인 두 동치관계이다 (그림 3.9 참조).

예제 3.29 아래의 그림에서 색칠된 영역은 닫힌구간 $[0, 1]$에서의 관계 R를 나타낸 것이다. 반사적, 대칭적, 추이적인 관계에 대하여 알아보시오.

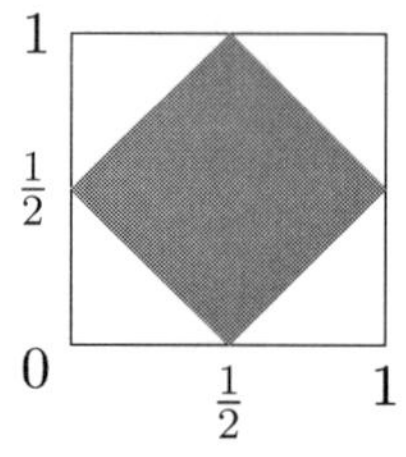

[풀이] (1) 대각선을 완전히 포함하고 있지 않기 때문에, R은 반사관계가 아니다.

(2) R은 대각선에 대칭이므로, 대칭관계이다.

(3) $(1, 1/2) \in R$이고 $(1/2, 1) \in R$이지만 $(1, 1) \notin R$이기 때문에, R은 추이관계가 아니다.

---

[7] 이 동치관계는 정수의 집합 $\mathbb{Z}$으로부터 유리수의 집합 $\mathbb{Q}$를 구성할 때 사용된다. 다시말해서, 동치분수의 개념과 관련되어 있다.

3.4 순서관계

순서구조(ordered structure)는 수학에서 흔히 나타나는 기본적인 구조 중의 하나이다. 이것은 하나의 순서관계에 의하여 정해지는 구조를 뜻한다. 실수의 대소관계($\leq$)와 집합의 포함관계($\subset$)는 우리가 이미 경험한 전형적인 예들이다.

정 의 (순서관계) R을 집합 A에서의 관계라고 할 때, 다음의 세 조건

(a) R은 반사적이다. 즉, $(a,a) \in R,\ \forall a \in A$.

(b) R은 반대칭적이다. 즉, $(a,b) \in R,\ (b,a) \in R \implies a = b$.

(c) R은 추이적이다. 즉, $(a,b) \in R,\ (b,c) \in R \implies (a,c) \in R$.

을 만족하면 R을 A에서의 **(부분)순서관계**((partial) order relation)라고 한다. 특정한 순서관계를 가지는 집합을 **(부분)순서집합**((partially) ordered set)이라고 부른다.

주의 일반적으로, 집합 A에서의 관계 R이 A에서의 순서관계를 정의한다면, 관계 R의 기호로 「$\preceq$」를 주로 사용한다. 다시 말해서, $(a,b) \in R$ 또는 $a\,R\,b$는 $a \preceq b$로 나타낸다.

예제 3.30 수 집합 $\mathbb{R}$에서, 열린문장

'x는 y보다 작거나 같다 $(x \leq y)$'

로 정의되는 $\mathbb{R}$에서의 관계 R은 순서관계이다. 이것을 $\mathbb{R}$에서의 **자연적인 순서**(natural order)라고 부른다.

예제 3.31 열린문장

'x는 y의 부분집합이다 $(x \subset y)$'

에 의하여 정의되는 한 집합족(a family of sets) $\mathcal{A}$에서의 관계 R은 순서관계이다. 예를 들어, $A = \{a, b\}$라고 하자. 그러면 A의 멱집합 $\mathcal{A}$은

다음과 같다.

$$\mathcal{A} := \mathcal{P}(A) = \{\emptyset, \{a\}, \{b\}, A\}$$

이 때의 순서를 다이아그램으로 나타내면 그림 3.11과 같다. 여기서, 순서관계가 있는 두 집합은 선으로 연결하되 큰 것(포함관계로)을 보다 위쪽에 나타낸다. 특히, 두 집합 $\{a\}$와 $\{b\}$는 순서관계가 없음을 알 수 있다.

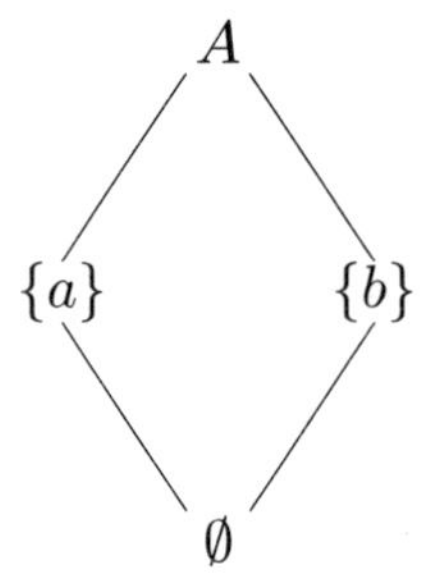

그림 3.11: 순서관계

예제 3.32 열린문장

$$\text{‘}x\text{는 } y\text{의 배수이다’}$$

에 의하여 정의되는 양의 정수의 집합 $\mathbb{N}$에서의 관계 $\preceq$은 부분순서이다. 더욱이, $6 \preceq 2$, $15 \preceq 3$이고 $13 \preceq 13$이다.

예제 3.33 유클리드 평면 $\mathbb{R}^2 = \mathbb{R} \times \mathbb{R}$에서의

$$(a_1, b_1) \preceq (a_2, b_2) \iff \begin{cases} a_1 < a_2 \text{ 또는} \\ a_1 = a_2 \text{ 이고 } b_1 \le b_2 \end{cases}$$

로 정의된 관계 $\preceq$는 순서관계이다. 예를 들어서, $(2,3) \preceq (3,1)$이고, $(2,3) \preceq (2,5)$이다. 그림 3.12를 참조하자.

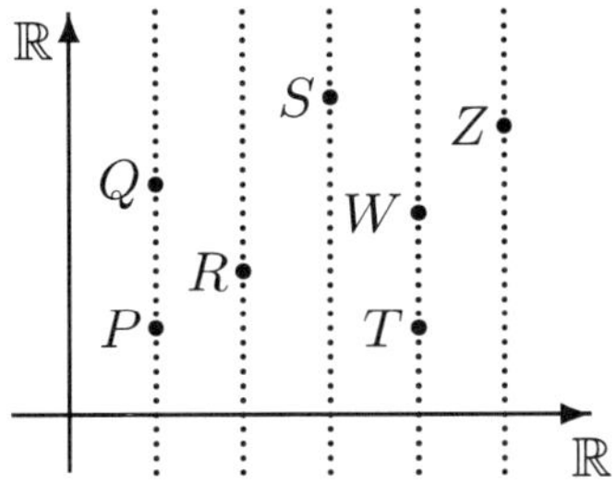

그림 3.12: $P \preceq Q \preceq R \preceq S \preceq T \preceq W \preceq Z$

이 순서는 단어가 사전에 나열된 방법과 비슷하므로, $\mathbb{R}^2$에서의 **사전식순서**(lexicographic ordering)라고 한다. 예를들어, 'be'는 'go'보다 앞서고, 또한 'be'는 'by'보다 앞선다.

■ 연습문제 3.3

1. 다음 명제의 참·거짓을 밝혀라.

   (a) 원소의 개수가 n인 집합을 A라고 두자. 만일 A상에서의 원소의 개수가 $n+1$이상인 동치관계는 항상 함수가 아니다.

   (b) 모든 함수는 동치관계이다.

   (c) 관계는 함수이다.

   (d) '좋아한다'라는 관계는 대칭적이다.

   (e) 'x는 y의 배수이다'라는 양의 정수의 집합 $\mathbb{N}$에서의 관계는 순서관계가 아니다.

   (f) $|A| < |R|$인 유한집합 A상에서의 반사관계 R은 항상 함수가 아니다.

   (g) '친구'관계는 추이적이다.

   (h) 도형의 '합동'은 동치관계이다.

   (i) 어느 학급을 '좋아한다'라는 관계로 학생들을 항상 분류할 수 있다.

2. 아래의 그림에서 색칠된 영역은 닫힌구간 $[0,1]$상에서의 관계를 나타낸 것이다. 반사적, 대칭적, 추이적인 관계에 대하여 알아보시오.

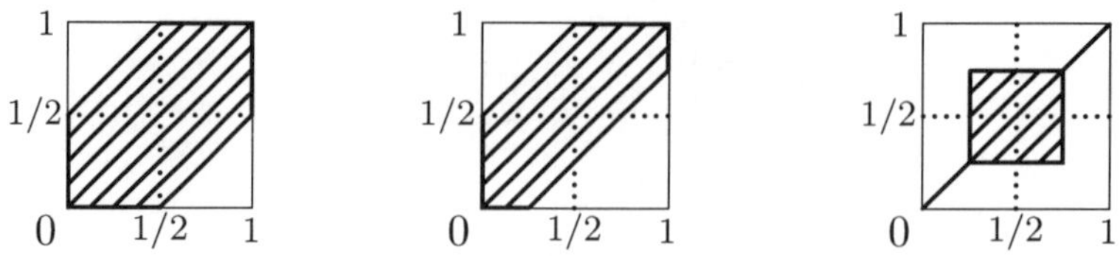

3. 서로 다른 n개의 구슬을 같은 모양인 n개의 상자에 빈 상자를 허용하여 넣는 방법의 가지수는 서로 다른 n개의 구슬로 구성된 집합상에서의 동치관계의 총수와 같음을 밝혀라.

4. 집합 $A = \{a, b, c\}$의 멱집합에 예제 3.31에 주어진 관계로 순서를 줄 때, 그 순서관계를 그림 3.11와 같은 다이아그램으로 나타내어라.

5. 다음에 주어진 $[0,1] \times [0,1]$에서의 관계 R이 동치관계가 됨을 밝혀라.

(a) $(x_1, y_1)\, R\, (x_2, y_2) \iff \begin{cases} (x_1, y_1) = (x_2, y_2) \text{ 또는} \\ \{x_1, x_2\} = \{0, 1\} \text{ 이고 } y_1 = y_2 \end{cases}$

(b) $(x_1, y_1)\, R\, (x_2, y_2) \iff \begin{cases} (x_1, y_1) = (x_2, y_2) \text{ 또는} \\ \{x_1, x_2\} = \{0, 1\} \text{ 이고 } y_1 = 1 - y_2 \end{cases}$

(c) $(x_1, y_1)\, R\, (x_2, y_2) \iff \begin{cases} (x_1, y_1) = (x_2, y_2) \text{ 또는} \\ \{x_1, x_2\} = \{0, 1\} \text{ 이고 } y_1 = y_2 \text{ 또는} \\ \{y_1, y_2\} = \{0, 1\} \text{ 이고 } x_1 = x_2 \end{cases}$

(d) $(x_1, y_1)\, R\, (x_2, y_2) \iff \begin{cases} (x_1, y_1) = (x_2, y_2) \text{ 또는} \\ \{x_1, x_2\} = \{0, 1\} \text{ 이고 } y_1 = y_2 \text{ 또는} \\ \{y_1, y_2\} = \{0, 1\} \text{ 이고 } x_1 = 1 - x_2 \end{cases}$

읽기 자료: 곡면의 예

1. 말안장

3차원 공간 $\mathbb{R}^3$의 부분집합 $\{(x,y,z) \in \mathbb{R}^3 | z = y^2 - x^2\}$

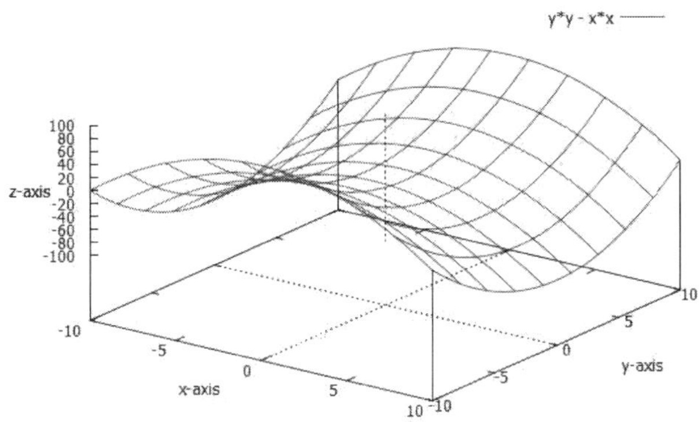

그림 3.13: `gnuplot> splot y*y-x*x`

2. 윤환면([15])

3차원 공간 $\mathbb{R}^3$의 부분집합 $\{(x,y,z) \in \mathbb{R}^3 | (\sqrt{x^2+y^2}-2)^2 + z^2 = 1\}$

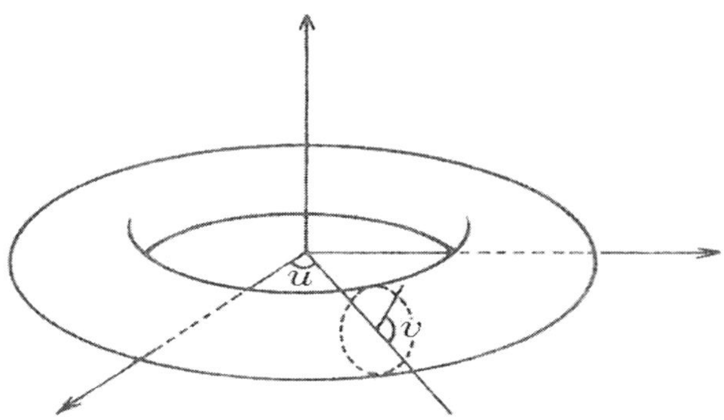

그림 3.14: Torus

윤환면(torus)는 두 함수 f, g의 합성함수로 생각할 수 있다. 즉,

$$\begin{array}{ccc} [0,1]\times[0,1] & \xrightarrow{\;f\;} & [0,2\pi]\times[0,2\pi] \\ & \searrow^{g\circ f} & \downarrow g \\ & & \mathbb{R}^3 \end{array}$$

여기서 $f(x, y) = (2\pi x, 2\pi y)$이고,

$$g(v, u) = \big((2+\cos v)\cos u, (2+\cos v)\sin u, \sin v\big)$$

읽기 자료: 4차원 이해하기

오른쪽 그림에서 직선 L_1을 직선(축) x_1에 걸리지 않고 직선 L_2까지 옮겨 놓을 수 없습니다.

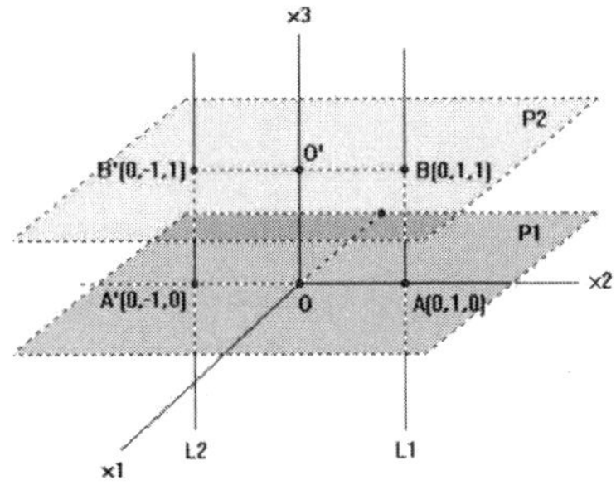

일반적으로 3차원 공간에서 꼬인 위치에 있는 두 직선이 있을 때 서로 걸리지 않고 통과할 수 없습니다. 그러나 점인 경우에는 항상 가능합니다. 오른쪽 그림에서 점 A는 직선 x_1에 걸리지 않고 점 A'까지 옮길 수 있습니다. 한 가지 방법은 $A \to B \to B' \to A'$입니다. 즉,

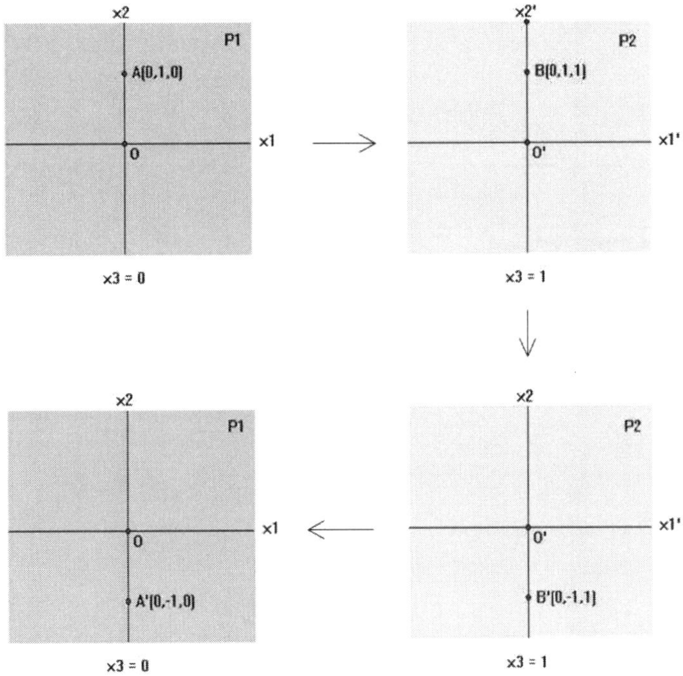

그러면 4차원 공간에서 꼬인 위치에 있는 두 직선이 있을 때 서로 걸리지 않고 통과할 수 있을까요? 위에서 보여준 3차원공간에서 점을

옮기는 방법을 유추하여 생각해 봅시다.

3차원공간은 서로 공통부분이 없는 2차원 공간들 (x_3축을 고정한 단면들)로 분할된다. 점을 움직이는 방법을 고찰하면 점이 직선에 걸리지 않도록 서로 공통부분이 없는 2차원 단면의 평행이동을 이용하고 있다.

이를 유추해서 생각해보면, 4차원 공간은 서로 공통부분이 없는 3차원 공간들(x_4축을 고정한 3차원 공간들)의 합이고 움직이는 방법은 3차원공간의 평행이동을 이용한다. 먼저, 오늘쪽 그림과 같이 L_2라는 직선이 일관성을 잃지 않고 $x_4 = 0$인 3차원 단면에 놓여 있다고 가정하자.

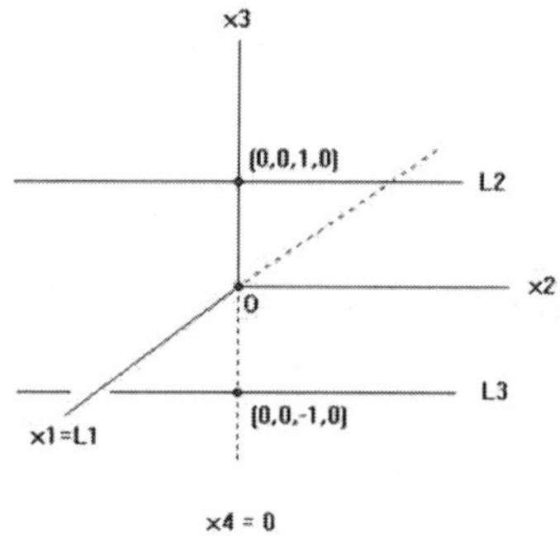

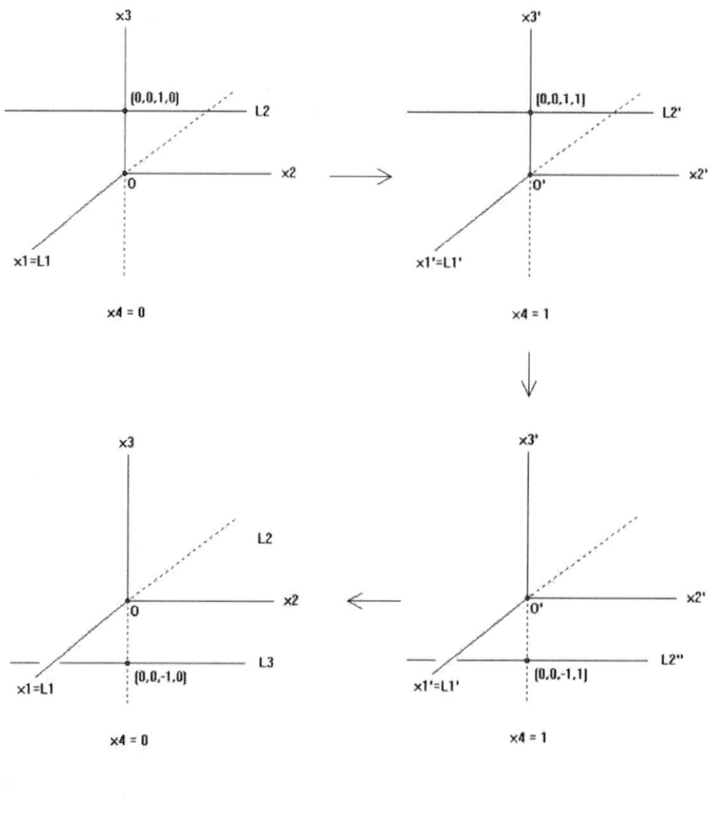

위의 그림 ([2], pp. 25-27)은 직선 L_2를 직선 L_1에 걸리지 않고 직선 L_3까지 옮기는 방법을 보여준다.

그러므로 4차원 공간에서는 위·아래의 두 가닥의 직선이 서로 만나는 일 없이 그 위치를 교환할 수 있다. 이는 결국, 4차원 공간에서는 모든 1차원 매듭은 풀릴 수 있음을 보여준다. 따라서 4차원 공간에서는 신발끈은 의미가 없다.

읽기 자료: 곱셈모델로서 순서쌍

제 7차 교육과정 초등수학교과서에서 도입해서 다루고 있는「순서에 따른 짝짓기 방법으로 경우의 수를 알아봅시다.」라는 차시와 관련된 문제들은 결국, 주어진 두 유한집합 X와 Y의 곱집합 $X \times Y$의 원소의 개수를 찾는 문제와 동일하다. 몇 가지의 전형적인 예를 보면,

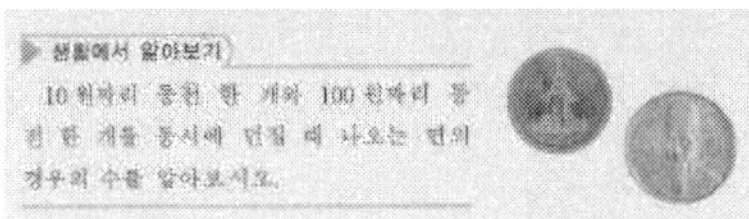

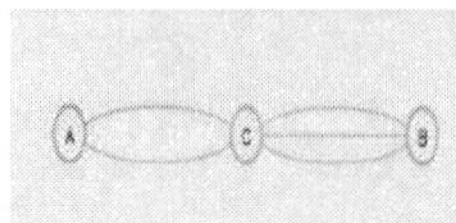

이러한 문제들의 문제해결전략으로 표 만들기, 수형도 등을 사용한다. 그러나 이러 한 전략들은 순서쌍의 개수를 찾는 모델 만들기에 불과하다. 이 모든 것이 동일한 개념 이라는 사실을 학생들에게 인식시키는 활동이 필요하고, 다양한 모델을 만들어 보는 것도 요구된다.

다음의 2×3을 나타내는 다양한 형태의 곱셈 모델이다.

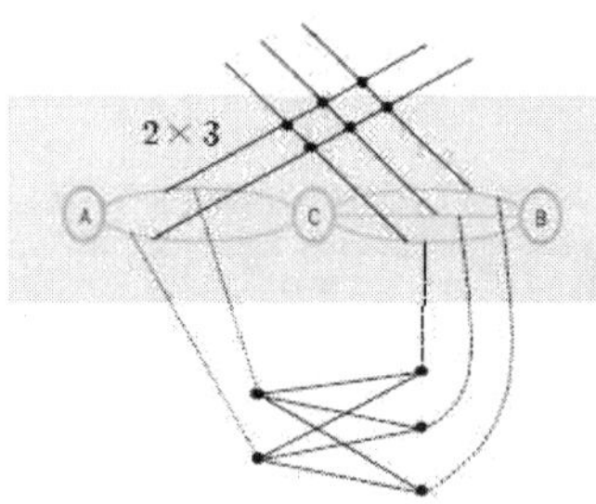

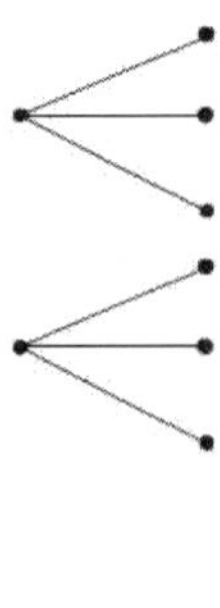

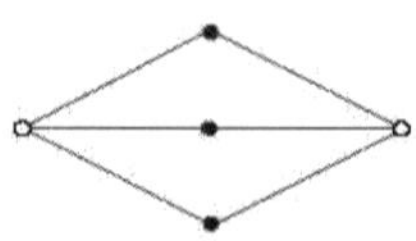

실제로, $|X| = m, |Y| = n$이면

$$m \times n = |X \times Y| = |K_{m,n}|$$

이고, 따라서 완전이분그래프는 곱셈의 의미를 파악하는 하나의 좋은 모델이 될 수 있다. 여기서 $|K_{m,n}|$는 완전이분그래프(complete bipartite graph)의 변의 개수를 나타낸다.

제 4 장

함 수

역사적으로 보면 함수의 개념은 여러 가지 물리적, 사회적, 정신적 세계 또는 수학적 세계에서 발생되는 현상 중에서 '종속관계'를 설명하기 위한 도구로서 도입되었지만 현대에 와서는 이러한 것을 포함하는 광의적인 개념으로 발전 되었다. 오늘날에는 물리적 현상과 상관 없는 인위적인 대응 조작도 함수의 개념에 포함된다. 예를 들어,

$$f : \mathbb{R} \to \mathbb{R}, f(x) = \begin{cases} 1, & x \in \mathbb{Q} \\ 0, & x \in \mathbb{R} \setminus \mathbb{Q} \end{cases}$$

함수의 개념은 가장 기본적인 수학적 발상 중 하나로, 오늘날 그 개념은 상황에 따라서 사상, 변환, 치환, 연산, 연산자, 수열 등과 같이 다양한 이름으로 현대수학의 도처에 등장하고 있다. 실제로, 함수는 우리 주변의 세계에서 일어나는 현상을 모델링하는데 가장 일반적으로 사용되는 개념이다.

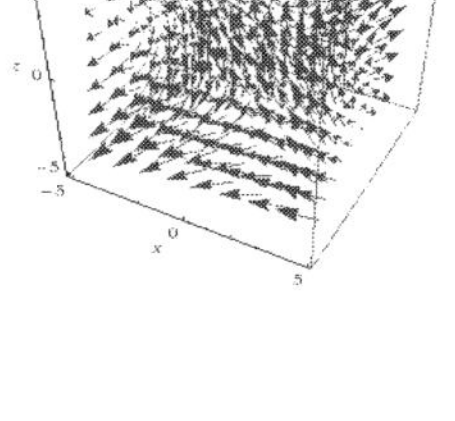

$\mathbf{F}(x, y, z) = y\,\mathbf{i} + z\,\mathbf{j} + x\,\mathbf{k}$

1 정의 및 기본개념

1.1 관계와 함수

일반적으로, 함수는 다음과 같이 정의된다: 주어진 두 집합 A와 B에 대하여, A에서 B로의 함수(function)는

「집합 A의 각 원소 x에 집합 B의 오직 하나의 원소 y을 할당하는 **규칙**이다」 (4.1)

여기서, x와 y사이의 이러한 연결을 나타내기 위하여, 일상적으로 $y = f(x)$의 표기를 사용한다. 예를 들어, 함수 $y = \cos x$를 고려하자. 만일 A와 B가 실수의 집합 $\mathbb{R}$이라면, 각 수 $x \in A$에 대하여, 유일한 수 $y \in B$가 할당되는 규칙을 쉽게 알 수 있다.

함수의 그래프는 다음과 같이 정의된다: 만일 f가 집합 A에서 B로의 함수이면, f의 그래프는 $y = f(x)$인 모든 순서쌍들의 집합이다.

예를 들어, $A = \{a, b, c\}$이고 $B = \{0, 1, 2\}$일 때, 다음의 테이블

x	$f(x)$
a	0
b	1
c	0

과 같이 정의되어진 함수 f의 그래프는

$$\{(a, 0), (b, 1), (c, 0)\}$$

이다.[1]

여기서 우리는 테이블에 포함된 정보를 이용하여 쉽게 f의 그래프를 구성할 수 있고, 또한 역으로 그래프에 포함된 정보를 이용하여 f의 테이블을 구성할 수 있다. 따라서, 함수 f는 이것의 그래프를 완전히

[1] A에서 B로의 관계의 일종이다. 즉, $\{(a, 0), (b, 1), (c, 0)\} \subset A \times B$.

결정하고, 또한 역으로 함수의 그래프는 f를 완전히 결정한다. 이러한 사실로부터, 함수와 이것의 그래프를 구별할 필요는 없다.

함수와 이것의 그래프는 본질적으로 하나이고 같은 것이기 때문에, 원하다면 함수를 그래프로 정의할 수 있다.[2] 이제, (4.1)에 주어진 함수의 정의를 그래프(관계)의 관점에서 살펴보면 다음과 같다.

정 의 (함수) A에서 B로의 함수는 다음의 두 조건 (**F1**)과 (**F2**)를 만족하는 대상 3개의 한 벌 (f, A, B)이다. 여기서, A와 B는 집합이고, $f \subset A \times B$이다.

(**F1**) 각 원소 $x \in A$에 대하여, $(x, y) \in f$가 되는 $y \in B$가 존재한다.

(**F2**) $(x, y) \in f$이고 $(x, z) \in f$이면, $y = z$이다.

습관적으로, 함수의 표기로 (f, A, B) 대신에

$$f : A \to B \text{ 또는 } A \xrightarrow{f} B$$

를 주로 사용한다.

주의 지금까지 관계를 나타내는 기호로 R를 사용했으나 이 관계가 함수를 나타낼 때에는 관습적으로 기호 R 대신에 $f, g, h, \ldots$ 등의 기호를 사용한다. 또한, $(x, y) \in f \iff x\,f\,y$.

예제 4.1 두 집합을 $A = \{a, b, c\}$, $B = \{d, e\}$라고 할 때, A에서 B

[2] 이렇게 정의함으로서, 얻을 수 있는 중요한 장점이 있다: 집합론의 새로운 정의되지 않은 개념으로서 '규칙'이라는 단어의 도입을 피할 수 있다. 이러한 이유때문에, 수학의 엄격한 취급법에 있어 습관적으로 함수의 개념을 그래프(관계)의 개념으로 도입한다.

로의 관계 R_i가 다음과 같이 정의되었다고 하자.

$$R_1 = \{(a,d),(c,e)\}$$
$$R_2 = \{(a,d),(b,d),(b,e),(c,e)\}$$
$$R_3 = \{(a,d),(b,d),(c,e)\}$$

- 관계 R_1 : 원소 $b \in A$에 대하여 $(b,y) \in R_1$인 원소 $y \in B$가 존재하지 않는다. 즉, (F1)이 성립하지 않는다. 따라서 함수가 아니다.
- 관계 R_2 : (F1)를 만족한다. 그러나, $(b,d) \in f$이고 $(b,e) \in f$이지만 $d \neq e$이다. 다시 말해서, (F2)는 성립하지 않는다. 따라서 함수가 아니다.
- 관계 R_3 : (F1)과 (F2)가 모두 성립한다. 따라서 이 경우는 함수가 된다.

일반적으로, A에서 B로의 관계 R에 대하여 (즉, $R \subset A \times B$), R의 정의역과 치역은 다음과 같이 정의된다.

$$\operatorname{dom}(R) := \{x \in A \,|\, \exists y \in B \text{ s.t. } (x,y) \in R\}$$
$$\operatorname{ran}(R) := \{y \in B \,|\, \exists x \in A \text{ s.t. } (x,y) \in R\}$$

특히, R이 함수인 경우에는 $\operatorname{dom}(R) = A$임을 알 수 있다. 따라서, 다음의 결과를 얻을 수 있다.

정리 4.1 f를 A에서 B로의 관계라고 하자. 즉, $f \subset A \times B$. 그러면, $f : A \to B$가 함수일 필요충분조건은

(i) $\operatorname{dom}(f) = A$이고,

(ii) (F2)를 만족한다.

이다.

$f : A \to B$를 A에서 B로의 함수라고 하자. 만일 $(x,y) \in f$이면, y를 (f에 관한) x의 **상**(image)이라고 하고, 또한 x를 (f에 관한) y의

원상(pre-image)이라고 한다. 그리고 이 경우에 기호로 $x \mapsto y$ 또는 $x \overset{f}{\longmapsto} y$ 를 흔히 사용하고, 'f는 x를 y로 대응시킨다'라고 한다.

주의 함수 $f: A \to B$의 정의에 있는 두 조건은 다음과 같이 이야기 될 수 있다.

(**F1**) (**상의 존재성**) 각 원소 $x \in A$는 상 $y \in B$를 가진다.
(**F2**) (**상의 유일성**) 만일 $x \in A$이면, x의 상은 유일하다.

주어진 함수 $f: A \to B$와 $x \in A$에 대하여, 우리는 습관적으로 x의 상을 나타내는 기호로 $f(x)$를 주로 사용해 왔다. 따라서,

「$y = f(x)$는 $(x, y) \in f$와 같은 의미이다」[3]

기호 $(x, y) \in f$ 대신에 $y = f(x)$를 사용하면, 조건 (F1)과 (F2)는 다음과 같이 변형된다.

(**F1**) 각 원소 $x \in A$에 대하여, $y = f(x)$가 되는 $y \in B$가 존재한다.
(**F2**) $y = f(x)$이고 $z = f(x)$이면, $y = z$이다.

정리 4.2 $f: A \to B$, $g: A \to B$를 함수라고 하자. 그러면 다음이 성립한다.

$$f = g\,(\subset A \times B) \iff f(x) = g(x),\ \forall\, x \in A$$

[증명] 먼저, $f = g$라고 가정하자. 그러면, 임의의 $x \in A$에 대하여,

$$y = f(x) \iff (x, y) \in f \iff (x, y) \in g \iff y = g(x)$$

따라서, $f(x) = g(x)$이다.

역으로, $f(x) = g(x)$, $\forall\, x \in A$라고 가정하자. 그러면,

$$(x, y) \in f \iff y = f(x) \iff y = g(x) \iff (x, y) \in g$$

따라서, $f = g$이다. □

[3] $(x, y) \in f \iff x\, f\, y \iff y = f(x)$.

1.2 함수의 예

1. **항등함수**: 주어진 집합 A에 대하여,

$$1_A(x) = x, \ \forall x \in A$$

로 정의되는 함수 $1_A : A \to A$를 **A상의 항등함수**(identity function)라고 한다. 항등함수 1_A는 A에서의 대각관계 Δ_A와 같음을 알 수 있다. 즉,

$$1_A = \Delta_A = \{(x, x) \mid x \in A\}.$$

2. **상수함수**: A와 B는 집합이고, $b \in B$라고 하자.

$$C_b(x) = b, \ \forall x \in A$$

로 정의되는 함수 $C_b : A \to B$를 **상수함수**(constant function) 라고 한다. 다시 말해서,

$$C_b = \{(x, b) \mid x \in A\}.$$

3. **포함함수**: 주어진 집합 A와 A의 부분집합 B에 대하여,

$$i_B(x) = x, \ \forall x \in B$$

로 정의되는 함수 $i_B : B \to A$를 **A에서 B의 포함함수**(inclusion function)라고 한다. 다시 말해서,

$$i_B = \{(x, x) \mid x \in B\}.$$

만일 $B = A$이면, $i_B = 1_A$가 됨에 주목하자.

4. **특성함수**: 주어진 집합 A와 A의 부분집합 B에 대하여,

$$\chi_B(x) = \begin{cases} 0, & x \in B\text{일 때} \\ 1, & x \in A \setminus B\text{일 때} \end{cases}$$

로 정의되는 함수 $\chi_B : A \to 2 := \{0,1\}$를 **특성함수** (characteristic function)라고 한다. 다시 말해서,

$$\chi_B = \{(x,0) \,|\, x \in B\} \cup \{(x,1) \,|\, x \in A \setminus B\}$$

5. **제한함수**: 주어진 함수 $f : A \to B$와 A의 부분집합 C에 대하여,

$$f|_C(x) = f(x), \ \forall\, x \in C$$

로 정의되는 함수 $f|_C : C \to B$를 **C에 f의 제한함수**(restriction function)라고 한다. 다시 말해서,

$$f|_C = \{(x,y) \,|\, (x,y) \in f, \, x \in C\}.$$

$f|_C \subset f$임에 주의하자.

이제 주어진 두 함수를 붙이는 문제를 생각해보자. 두 함수

$$f : A = (-\infty, 0] \to \mathbb{R}, \ f(x) = -x+1$$

와

$$g : B = [0, \infty) \to \mathbb{R}, \ g(x) = x+2$$

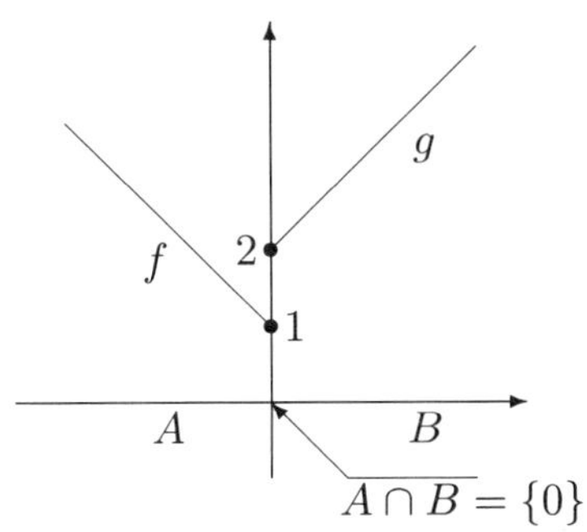

그림 4.1: 두 함수의 합

의 합의 함수(정의역이 확장된 함수)

$$h : A \cup B = \mathbb{R} \to \mathbb{R},\ h(x) = \begin{cases} f(x) = -x + 1, & x \in A \\ g(x) = x + 2, & x \in B \end{cases}$$

는 함수가 되지 않는다. 왜냐하면, $f(0) = 1 \neq 2 = g(0)$이고 따라서 $h(0)$의 값이 유일하게 결정되지 않기 때문이다.

정리 4.3 (glue) $f : A \to C$와 $g : B \to D$를

$$f(x) = g(x),\ \forall x \in A \cap B$$

를 만족하는 두 함수라고 하자. 그러면, f와 g의 합은

$$h := f \cup g : A \cup B \to C \cup D$$

로 정의된다. 여기서

$$h(x) = \begin{cases} f(x), & x \in A \\ g(x), & x \in B \end{cases}$$

이다.

[증명] 먼저, $f \subset A \times C$이고 $g \subset B \times D$이다. 따라서,

$$h = f \cup g \subset (A \times C) \cup (B \times D) \subset (A \cup B) \times (C \cup D)$$

이고, h는 $A \cup B$에서 $C \cup D$로의 한 관계이다. 그리고

$$\begin{aligned} \mathrm{dom}(h) &= \mathrm{dom}(f \cup g) \\ &= \{x \in A \cup B \,|\, \exists y \in C \cup D \ \text{ s.t. } (x, y) \in f \cup g\} \\ &= \{x \in A \,|\, \exists y \in C \ \text{ s.t. } (x, y) \in f\} \\ &\qquad\qquad\qquad \cup \{x \in B \,|\, \exists y \in D \ \text{ s.t. } (x, y) \in g\} \\ &= \mathrm{dom}(f) \cup \mathrm{dom}(g) \\ &= A \cup B \end{aligned}$$

따라서, 관계 h는 정리 4.1의 조건 (i)을 만족한다.

이제, h가 (F2)를 만족함을 보이자. 즉, 임의의 $x \in A \cup B$는 유일한 상을 가진다. 만일 $x \in A \cup B$이면, 다음의 세 경우가 생긴다:

$$\text{(i) } x \in A \setminus B, \text{ (ii) } x \in B \setminus A \text{와 (iii) } x \in A \cap B$$

(i)과 (ii)의 경우는 f와 g가 각각 함수이기 때문에 그리고 (iii)의 경우는 조건에서 $f(x) = g(x)$이기 때문에, 세 경우 모두 x는 유일한 상 $h(x)$을 가진다. □

1.3 단사, 전사와 전단사

단사, 전사와 전단사 함수는 함수를 공부하는 데 매우 중요한 역할을 한다.

정 의 (단사함수) 다음의 조건을 만족하는 함수 $f : A \to B$를 **단사**(injective) 또는 **일대일**(one-to-one)이라고 한다:

$$(x_1, y) \in f \text{ 이고 } (x_1, y) \in f \implies x_1 = x_2$$

주의 다음에 주목하자.

(1) 단사함수의 조건을 달리 표현하면

$$「f(x_1) = f(x_2) \implies x_1 = x_2」 \iff 「x_1 \neq x_2 \implies f(x_1) \neq f(x_2)」$$

(2) 단사함수의 조건은 '$y \in B$가 원상(pre-image)을 가진다면 하나만 가진다'는 뜻이다.

정 의 다음의 조건을 만족하는 함수 $f : A \to B$를 **전사**(surjective) 또는 **위로**(onto)라고 한다:

$$\text{모든 } y \in B\text{에 대하여, } y = f(x)\text{가 되는 원소 } x \in A\text{가 존재한다}$$

주의 전사함수의 조건은 'B의 각 원소는 A에 있는 어떤 원소의 상(image)이다'라는 사실을 말하고 있다. 다시 말해서,

$$f : A \to B : \text{ 전사함수 } \iff \operatorname{ran}(f) = B$$

정 의 단사이고 동시에 전사인 함수 $f : A \to B$를 **전단사**(bijective) 또는 **일대일 대응**(one to one correspondence)이라고 한다.

주의 전단사함수는 다음 절에서 공부하는 역함수의 존재성 문제와 깊은 관련이 있다.

■ 연습문제 4.1

1. 두 집합 $A = \{a, b, c\}$와 $B = \{1, 2, 3\}$에 대해서, 다음의 A에서 B로의 관계 R_i가 함수인지 아닌지를 따져보아라.
   (a) $R_1 = \{(a, 2), (b, 1), (c, 3)\}$ (b) $R_2 = \{(a, 3), (b, 2)\}$
   (c) $R_3 = \{(a, 2), (b, 3), (c, 1), (c, 2)\}$ (d) $R_4 = \{(a, 1), (b, 1), (c, 1)\}$
2. 집합 X의 두 부분집합 A와 B에 대하여, 다음이 성립함을 밝혀라. 여기서

   $$\chi_A\chi_B : X \to \{0, 1\}, \ (\chi_A\chi_B)(x) = \chi_A(x)\chi_B(x)$$

   를 의미한다.
   (a) $\chi_{A\cup B} = \chi_A + \chi_B - \chi_A\chi_B$ (b) $\chi_{A\cap B} = \chi_A\chi_B$
   (c) $\chi_{X\setminus A} = 1 - \chi_A$
3. n개의 원소를 가지는 집합에서 k개의 원소를 가지는 집합으로의 함수는 총 몇 가지인가?
4. 집합 $\{1, 2, \ldots, n\}$에서 집합 $\{1, 2, \ldots, k\}$로 가는 단사함수의 개수를 구하여라.
5. 집합 $\{1, 2, \ldots, n\}$에서 집합 $\{1, 2, \ldots, k\}$로 가는 전사함수의 개수는

   $$\sum_{j=0}^{k}(-1)^j\binom{k}{j}(k-j)^n$$

   임을 증명하여라.(힌트: 포함과 배제의 원리 이용)

6. 함수 $f : \mathbb{R} \to \mathbb{R},\ f(x) = \cos x$에 대하여,

   (a) 단사함수인가? 아니면 단사함수가 되도록 정의역을 축소하여라.

   (b) 전사함수인가?

   (c) 전단사함수가 되도록 영역(정의역, 공역)을 축소하여라.

7. 함수 $f : A \to B$가 단사함수이고 $C \subset A$이면, C에 f의 제한함수 $f|_C : C \to B$는 단사함수가 됨을 밝혀라.

8. 만일 $f : B \cup C \to A$가 함수이면, $f = f|_B \cup f|_C$가 됨을 밝혀라.

9. 만일 $f : A \to C$와 $g : B \to D$가 전단사 함수로, $A \cap B = \emptyset$이고 $C \cap D = \emptyset$를 만족하면, $f \cup g$는 전단사 함수가 됨을 밝혀라.

10. 자연수의 집합과 짝수인 자연수의 집합사이에는 일대일 대응이 존재함을 보여라.

2 합성함수와 역함수

2.1 합성함수

정 의 (합성함수) 주어진 두 함수 $f : A \to B$와 $g : B \to C$에 대하여, 이들 두 함수의 **합성**(composition)은

$$(g \circ f)(x) = g(f(x)),\ \forall x \in A$$

로 정의되는 함수 $g \circ f : A \to C$를 의미한다. 집합표기법은

$$g \circ f = \{(x, z) \in A \times C \mid \exists y \in B,\ (x, y) \in f \text{ 이고 } (y, z) \in g\}.$$

주의 주어진 함수 $f : A \to B$에 대하여,

$$1_B \circ f = f = f \circ 1_A$$

이다.

정리 4.4 주어진 세 함수 $f : A \to B$, $g : B \to C$, $h : C \to D$에 대하여, 결합법칙이 성립한다. 다시 말해서,

$$(h \circ g) \circ f = h \circ (g \circ f)$$

2.2 역함수

일반적으로, 주어진 함수 $f : A \to B$의 역관계인 B에서 A로의 관계

$$f^{-1} = \{(y, x) \in B \times A \,|\, (x, y) \in f\}$$

는 함수가 되지 않는다.

정 의 함수 $f : A \to B$의 역관계인 f^{-1}가 함수가 될 때, f를 **역전가능**(invertible)이라하고, 이 경우 함수 $f^{-1} : B \to A$를 f의 **역함수**(inverse function)라고 부른다.

다음의 두 정리는 함수가 역전가능일 필요충분조건을 제시하고 있다.

정리 4.5 $f : A \to B$를 함수하고 하자. 그러면,

$$f\text{는 역전가능이다} \iff f\text{는 전단사이다}$$

[증명] 먼저, f가 역전가능하다고 가정하자. 즉, $f^{-1} : B \to A$는 함수이다. 그러면, $B = \text{dom}(f^{-1}) = \text{ran}(f)$이고, 따라서 f는 전사이다. 이제,

$$\begin{aligned}(x_1, y) \in f,\ (x_2, y) \in f &\implies (y, x_1) \in f^{-1},\ (y, x_2) \in f^{-1} \\ &\implies x_1 = x_2.\end{aligned}$$

따라서 f는 단사이다.

역으로, $f : A \to B$가 전단사라고 가정하자. 그러면, 관계의 정의와 f가 전사라는 사실을 이용하여, 다음 식을 얻을 수 있다.

$$\text{dom}(f^{-1}) = \text{ran}(f) = B.$$

또한, 관계의 정의와 f가 단사라는 사실을 이용하여, 다음 식을 얻을 수 있다.

$$\begin{aligned}(y,x_1)\in f^{-1},\ (y,x_2)\in f^{-1} &\Longrightarrow\ (x_1,y)\in f,\ (x_2,y)\in f\\ &\Longrightarrow\ x_1=x_2.\end{aligned}$$

즉, 관계 f^{-1}는 (F2)를 만족한다. 따라서, 정리 4.1에 의하여, f^{-1}은 함수이다. □

주의 만일 함수 $f:A\to B$가 전단사이면, $f^{-1}:B\to A$는 전단사함수이다. 우선 정리 4.5로 부터, f^{-1}는 함수이다.

(i) f^{-1}는 전사: $\operatorname{ran}(f^{-1})=\operatorname{dom}(f)=A$

(ii) f^{-1}는 단사:

$$\begin{aligned}(y_1,x)\in f^{-1},\ (y_2,x)\in f^{-1} &\Longrightarrow\ (x,y_1)\in f,\ (x,y_2)\in f\\ &\Longrightarrow\ y_1=y_2.\end{aligned}$$

정리 4.6 $f:A\to B$를 함수하고 하자. 그러면, f가 역전가능이 될 필요충분조건은 $g\circ f=1_A$, $f\circ g=1_B$를 만족하는 함수 $g:B\to A$가 존재한다는 것이다. 실제로, 그러한 함수 g가 존재하면, $g=f^{-1}$이다.

[증명] 먼저, f가 역전가능하다고 가정하자. 즉, $f^{-1}:B\to A$는 함수이다. 따라서 다음이 성립함을 쉽게 알 수 있다.

$$f^{-1}\circ f=1_A,\quad f\circ f^{-1}=1_B.$$

역으로, $g\circ f=1_A$, $f\circ g=1_B$를 만족하는 함수 $g:B\to A$가 존재한고 가정하자. 정리 4.5에 의하여, f가 역전가능임을 보이기 위해서는, f가 전단사함수가 됨을 보이면 된다.

(i) f는 단사이다:

$$\begin{aligned}f(x_1)=f(x_2) &\Longrightarrow\ g(f(x_1))=g(f(x_2))\\ &\Longrightarrow\ (g\circ f)(x_1)=(g\circ f)(x_2)\\ &\Longrightarrow\ 1_A(x_1)=1_A(x_2)\\ &\Longrightarrow\ x_1=x_2\end{aligned}\tag{4.2}$$

(ii) f는 전사이다: 임의의 $y \in B$에 대하여, $g(y) \in A$이고

$$f(g(y)) = (f \circ g)(y) = 1_B(y) = y.$$

끝으로, $g = f^{-1}$을 보이자. 정리 4.4와 이에 앞선 주의를 이용하자.

$$g = g \circ 1_B = g \circ (f \circ f^{-1}) = (g \circ f) \circ f^{-1} = 1_A \circ f^{-1} = f^{-1}.$$

□

2.3 단사 및 전사함수의 주요 특성

정리 4.7 함수 $f : A \to B$에 대하여, 함수 f가 단사함수가 될 필요충분조건은 $g \circ f = 1_A$를 만족하는 함수 $g : B \to A$가 존재하는 것이다.

[증명] 먼저, $g \circ f = 1_A$를 만족하는 함수 $g : B \to A$ 가 존재한다고 가정하자. 그러면, 식 (4.2)에 의하여, f는 단사함수이다.

역으로, $f : A \to B$가 단사함수라고 가정하자. 그러면, $\operatorname{ran}(f) \subset B$ 이고, $f : A \to \operatorname{ran}(f)$ 는 전단사함수가 된다. 따라서 정리 4.5에 의하여,

$$f^{-1} : \operatorname{ran}(f) \to A \tag{4.3}$$

는 함수이다. 이제, A의 고정된 한 원소를 a라고 하고, 상수함수

$$C_a : B \setminus \operatorname{ran}(f) \to A \tag{4.4}$$

를 생각하자. 정리 4.3에 의하여, 식 (7.2)와 (4.4)에 주어진 두 함수의 합

$$g = f^{-1} \cup C_a : B \to A$$

은 함수가 된다. 즉, g는 다음과 같이 정의된다.

$$g(y) = \begin{cases} f^{-1}(y), & y \in \operatorname{ran}(f) \\ C_a(y) = a, & y \in B \setminus \operatorname{ran}(f) \end{cases}$$

한편, 임의의 $x \in A$에 대하여,

$$(g \circ f)(x) = g(f(x)) = f^{-1}(f(x)) = (f^{-1} \circ f)(x) = 1_A(x)$$

가 된다. 따라서 $g \circ f = 1_A$. □

정리 4.8 함수 $f : A \to B$에 대하여, f가 전사함수가 될 필요충분조건은 $f \circ g = 1_B$를 만족하는 함수 $g : B \to A$가 존재한다는 것이다.

[증명] 먼저, $f \circ g = 1_B$를 만족하는 함수 $g : B \to A$가 존재한다고 가정하자. 그러면, 정리 4.6의 증명과정에 있는 (ii)에 의하여 f는 전사함수이다.

역으로, $f : A \to B$가 전사함수라고 가정하자. 그러면, 각 $y \in B$에 대하여,

$$f^{-1}(y) = \{x \in A \mid f(x) = y\}$$

는 A의 공집합이 아닌 부분집합이다. 이 집합에서, 임의의 한 원소를 선택해서 그 원소를 a_y라고 두자. 이제 $g : B \to A$를

$$g(y) = a_y, \ \forall y \in B$$

로 정의하면, g는 함수가 됨을 쉽게 알 수 있다. 한편, 임의의 $y \in B$에 대하여,

$$(f \circ g)(y) = f(g(y)) = f(a_y) = y = 1_B(y)$$

가 된다. 따라서, $f \circ g = 1_B$. □

주의 (1) 정리 4.7과 정리 4.8은 각각 다음과 같이 서술될 수 있다.

f는 단사함수이다 $\iff$ f는 좌역원(left inverse)을 가진다

그리고

f는 전사함수이다 $\iff$ f는 우역원(right inverse)을 가진다

(2) 주어진 두 함수 $f : A \to B$와 $g : B \to A$에 대하여, 다음이 성립한다.

$$g \circ f = 1_A \implies \begin{cases} f\text{는 단사함수} \\ g\text{는 전사함수} \end{cases}$$

■ 연습문제 4.2

1. 주어진 두 함수의 합성은 함수가 됨을 밝혀라.

2. 정리 4.4를 증명하여라.

3. 주어진 함수 $f : A \to B$에 대하여, $1_B \circ f = f = f \circ 1_A$ 가 됨을 보여라.

4. 주어진 두 함수 $f : A \to B$, $g : B \to C$에 대해서, 다음이 성립함을 보여라.

   (a) f와 g가 단사이면, 합성함수 $g \circ f$는 단사이다.

   (b) f와 g가 전사이면, 합성함수 $g \circ f$는 전사이다.

   (c) f와 g가 전단사이면, 합성함수 $g \circ f$는 전단사이다.

5. 함수 $f : A \to B$, $g : B \to C$가 역전가능이면, 합성함수 $g \circ f$도 역전가능이 됨을 보여라. 또한 이 경우 $(g \circ f)^{-1} = f^{-1} \circ g^{-1}$가 됨을 밝혀라.

6. 주어진 두 함수 $f : A \to B$와 $g : B \to A$에 대하여, 다음이 성립함을 보여라.

   (a) $g \circ f$가 단사이면, f가 단사이다.

   (b) $g \circ f$가 전사이면, g가 전사이다.

   (c) $g \circ f$가 전단사이면, f는 단사이고 g는 전사이다.

7. 함수 $f : A \to B$와 $C \subset A$에 대해서, $f|_C = f \circ i_C$가 됨을 밝혀라.

읽기 자료: 흥미로운 함수

1. 디리클레 함수(Dirichlet function)

$$f:\mathbb{R}\to\mathbb{R},\quad f(x)=\begin{cases}1, & x\in\mathbb{Q}\\ 0, & x\in\mathbb{Q}^c\end{cases}$$

디리클레 함수는 다음의 특징을 가진다.

- 모든 점에서 극한이 존재하지 않는다.
- 모든 점에서 불연속이다.
- 모든 구간에서 (리만) 적분 불가능이다. 아래의 극한은 주어진 구간 $[a,b]$에서 적분 불가능임을 보여 주고 있다.

$$\lim_{\max\Delta x_k\to 0}\sum_{k=1}^{n} f(x_k^*)\,\Delta x_k=\begin{cases}b-a & \text{모든 } x_k^*\text{가 유리수}\\ 0 & \text{모든 } x_k^*\text{가 무리수}\end{cases}$$

2. 토메 함수(Thomae function)

토메 함수(Thomae's function)는 카를 요하네스 토메의 이름을 딴 함수이다. 다음과 같이 정의된다.

$$f:\mathbb{R}\to\mathbb{R},\quad f(x)=\begin{cases}\dfrac{1}{q}, & x=\dfrac{p}{q},\ \gcd(p,q)=1,\ q>0\\ 0, & x\in\mathbb{Q}^c\end{cases}$$

이는 디리클레 함수의 변형으로 볼 수 있고 다음의 특성을 가진다.

- 모든 무리수를 연속점으로 갖는다.
- 모든 유리수를 불연속점으로 갖는다.
- 모든 구간에서 (리만) 적분 가능하다.

읽기 자료: 함수의 역사[4]

함수개념은 비례관계, 종속변수, 식, 대응 등과 같이 오랜 역사적 발생 과정을 거쳐 포괄화되어 온 모든 수학의 밑바탕이 되는 기본적인 개념이다.

함수개념의 근원은 고대 바빌로니아 시대까지 거슬러 올라갈 수 있다. 기원 전 5세기 경의 바빌로니아 사람들의 천문학 연구에서 천체의 위치의 주기성을 발견하고 경험적 자료를 바탕으로 천체의 운동을 나타내는 경로를 추정하고 이를 수표로 나타내었다. 기울기나 그림자의 길이와 관련되어 자연스럽게 제기된 Tangent의 기원도 바빌로니아이다.

그리스 천문학자들은 구면삼각법을 사용하였으며 천체운동을 기술하는데 원운동 모델을 이용하였는데 이는 수학적으로 보면 천체운동을 삼각함수로 기술한 것이다. 고대 그리스 수학자 프톨레마이오스(Ptolemaeus)의 천문학 책 속에 나오는 현(chord)의 길이를 나타내는 표를 현대적인 식으로 표현 하면 $\mathrm{chord}\,\alpha = 2\sin\frac{1}{2}\alpha$이다. 이로부터 삼각함수의 사용을 추측할 수 있다.

17세기 이전의 경우 삼각함수 표나 실험 등에 함수 개념이 보이긴 했으나 무의식적으로 다뤄졌다. 함수개념이 의식화되기 시작한 것은 15세기 중엽부터 17세기 중엽까지 일어난 일련의 수학적 발전 – 수개념의 확장, 기호 대수의 창안, 해석기하학의 발달, 과학의 중심 문제로서의 운동에 대한 연구 등 – 에 기인된다. 특히 17세기에 출현한 해석기하학(Analytic Geometry)과 수학화된 역학은 함수개념의 의식화를 가능하게 한 결정적인 계기를 마련하였다. 실제로, 17세기에 역학에서 물체의 운동을 곡선으로 나타내어 연구하는 가운데 시간과 거리와 같은 변량 사이의 관계로서 수학에 도입되었다.

'함수(function)'란 용어는 17세기에 Leibniz와 Bernoullis의 서신 가운데 처음으로 등장하였고, '사상(map)'이란 개념과 용어는 지도 제작법과 관련된 구면의 평면 위로의 사상을 연구한 Euler의 논문 에서 찾아볼 수 있다. 사상은 이와 같이 기하학적인 기원을 갖는 개념으로 집합론의

[4]우정호, 학교 수학의 교육적 기초, 서울대학교출판부, 2006.

중요한 도구가 되었고 위상수학에서 주요한 연구대상이 되었다. 함수와 사상이란 두 줄기가 통합된 것은 20세기에 들어와서이다.

수학자 Euler(1707~1783)와 d'Alembert(1717~1783)에 처음으로 함수 기호 f가 사용되었다. 함수개념이 등장하던 초기에는 독립변수와 종속변수의 구분이 없었다. 이를테면, 일차방정식 $ax+by+c=0$에 포함된 변수 가운데 한 변수에 독립적인 역할이 주어지지 않는 한 다른 변수는 함수가 아니고 변수일 뿐이다.

해석기하학의 발달과 함께 여러 가지 곡선이 방정식으로 표현되게 되면서 방정식에 나타나는 기호 사이에 성립하는 관계에 주목하게 되었으며 Bernoulli는 '변수와 상수로 구성된 양'을 그 변수의 함수라고 부르게 되었다. 변량 사이의 함수 관계가 하나의 방정식으로 나타내어지게 되면서 Euler는 그러한 상황을 일반적인 것으로 인식하고 '변량 사이의 관계를 나타내는 해석적인 (표현인) 식'을 함수라고 정의하였다. 또한 함수는 곡선과 밀접한 관련성을 갖고 있었고 그러한 곡선은 대부분 多價 대응이었다. 그러나 한 변수의 다른 변수에 대한 종속관계가 다가 대응이 되는 경우 다루기가 어렵고 특히 음함수와 같은 함수식에서 한 변수를 다른 변수로 나타낼 때 여러 개의 식이 나오게 되는 경우 혼란을 일으키게 되었다. 결국, 수학자들은 함수를 一價 대응으로 제한하게 되었고, 一價 대응이 함수의 일반적인 정의로 받아 들여지게 되었다.

18세기 후반에 진동하는 끈에 대한 편미분방정식의 해에 대한 논의에서 하나의 해석적인 식으로 나타내어지지 않는 함수가 등장하였고, Fourier가 열전도에 관한 연구에서 임의의 함수는 삼각급수로 전개 가능하다는 주장을 제기하면서 함수는 하나의 해석적인 표현이 가능한 것이라는 전통적인 관념에 혁명적인 변화가 일어났다. 함수개념의 외연의 확장과 내포의 커다란 변화가 불가피하게 된 것이다. 그리하여 하나의 특별한 형태의 곡선으로 나타내어지건 그렇지 않건 규칙성이 있어 하나의 해석적인 표현이 가능하 건 그렇지 않건 Fourier급수로 전개되건 그렇지 않건, 일반적으로 어떤 독립 변량의 값에 따라 그 값이 정해지는 종속변량은 모두 함수라는 생각에 이르게 되었으며, 급기야 19세기 초에 Dirich1et의해, '주어진 구간의 각 점에 임의의 값이 대응되는 대응관계'

를 함수라고 정의하는 일반적인 함수개념이 제기되게 되었다. 당시에는 이러한 임의적인 함수란 매우 혁신적인 발상 이었으므로 'Dirich1et의 의미' 란 단서를 붙여 사용하였다. 그리하여 유리수에는 1, 무리수에는 0을 대응시키는 함수까지 생각할 수 있게 되었다.

이와 같이 일가성과 임의성은 역사적 발생의 과정에서 생긴 함수개념의 본질적인 특정이다. 수학의 발달과 더불어 함수는 임의의 집합 사이의 사상으로 일반화되고, 정의역이 수나 점뿐만이 아니라 수의 쌍, 곡선, 함수, 연산자 등 임의의 집합인 함수로 일반화되었다. 그리하여 해석학에서의 함수, 기하학적 변환, 유한집합의 치환, 임의의 집합의 사상 등이 어우러져 '임의의 집합 사이의 다대일 대응'이라는 일반적인 함수개념에 이르게 되었으며, 매우 다양한 내용을 포괄하는 개념이 되었다. 함수의 합성과 역함수 조작은 치환군(permutation group)과 변환군(transformation group) 나아가 일반적인 군론(Group Theory)을 탄생시키고 그 핵심인 자기동형군(automorphism group)이란 도구를 낳았다. 변환군은 기하학을 조직하는 도구가 되어 변환기하학이 탄생하고, 위상수학에서는 연속사상과 위상적 변환이 연구의 도구이자 대상이 되었으며, 대수의 Erlangen Program이라고 일컬어지고 있는 범주 이론(Category Theory)이 나오면서 수학은 사상(寫像)의 학문으로 간주되기에 이르렀다.

오늘날 함수개념은 운동학적인 변수 측면이나 규칙성과 알고리즘적인 대수식 표현 및 그래프적인 표현에 구애되지 않는 '임의의 집합 사이의 임의적인 일가적 대응 관계' 즉, 곱집합의 부분집합인 순서쌍의 집합이란 Bourbaki식의 관계적 정의로 일반화되어 수학 전체를 조직하는 도구가 되었다.

제 5 장

집합족과 분할

이 장에서는 중· 고등학교를 통해서 배운 유한개의 집합들의 유한개의 집합연산하의 이루어지는 집합대수와 관련된 이론들을 무한의 집합대수 세계로의 확장과 관련된 내용을 주로 다룬다.

이를테면, 셀수 있는 무한개의 집합들의 합집합, 교집합, 여집합, 곱집합 등을 어떻게 정의하고 다룰 것인가? 예를 들어,

$$A_1 \cup A_2 \cup \cdots , \quad A_1 \cap A_2 \cap \cdots , \quad A_1 \times A_2 \times \cdots$$
$$(A_1 \cup A_2 \cup \cdots)^c, \quad (A_1 \cap A_2 \cap \cdots)^c$$

더욱이 셀수없는 무한개의 집합들인 경우는 어떻게 정의하고 다룰 것인가?

그리고 또한 이 장에서는 제 3장에서 다룬 동치관계와 분할이 근본적으로 같은 개념이라는 사실을 배운다. 예를 들어, 아래의 그림과 같이 주어진 끈의 양 끝점을 붙여 동그란 원을 만드는 활동 속에서 동치관계와 분할이라는 수학적 개념을 엿볼 수 있다.

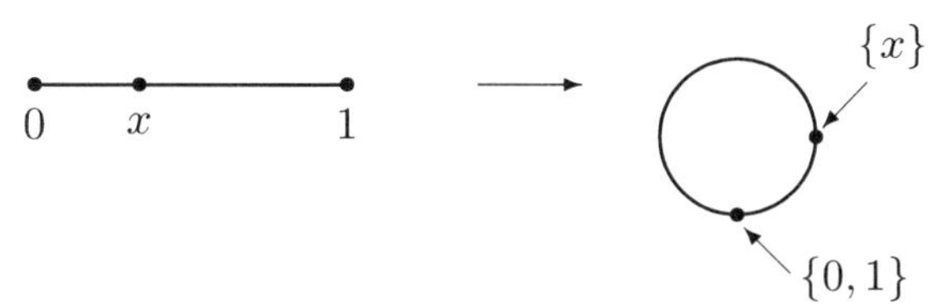

1 집합대수

우리는 이미 선수학습을 통해서 집합에 대한 기본적인 여러 가지 사실들을 공부하였다. 따라서 여기서는 '집합, 원소, 부분집합, 합집합, 교집합, 여집합, ...' 등과 기호 '$\in$, $\subset$, $=$, $\cup$, $\cap$, ...' 등에 대한 설명은 생략하고, 또한 유한 연산하의 집합대수의 법칙은 언급하는 정도로 만족하기로 한다.

- **멱등법칙**(idempotent law):

$$A \cup A = A, \ A \cap A = A$$

- **결합법칙**(associative law):

$$(A \cup B) \cup C = A \cup (B \cup C), \ (A \cap B) \cap C = A \cap (B \cap C)$$

- **교환법칙**(commutative law):

$$A \cup B = B \cup A, \ A \cap B = B \cap A$$

- **배분법칙**(distributive law):

$$A \cup (B \cap C) = (A \cup B) \cap (A \cup C),$$
$$A \cap (B \cup C) = (A \cap B) \cup (A \cap C)$$

- **항등법칙**(identity law):

$$A \cup \emptyset = A, \ A \cup U = U, \ A \cap U = A, \ A \cap \emptyset = \emptyset$$

- **보법칙**(complement law):

$$A \cup A^c = U, \ A \cap A^c = \emptyset, \ (A^c)^c = A, \ U^c = \emptyset, \ \emptyset^c = U$$

- **드·모르간법칙**(De Morgan's law):

$$(A \cup B)^c = A^c \cap B^c, \ (A \cap B)^c = A^c \cup B^c$$

■ 연습문제 5.1

1. 이 절에서 언급된 집합대수의 법칙을 증명하여라.
2. $A \cup B = A \cap B \iff A = B$임을 보여라.
3. n개의 원소를 가지는 집합의 부분집합의 총 개수는 2^n임을 보여라.
4. $A \setminus B = A \cap B^c$임을 밝혀라.
5. 공집합은 모든 집합의 부분집합임을 밝혀라.
6. 두 집합 A와 B에 대해서 $A \cap B \neq \emptyset$일 때,

$$A \oplus B = (A \cap B^c) \cup (A^c \cap B)$$

   로 정의되는 집합을 A와 B의 **대칭차**(symmetric difference)라고 한다. 다음을 밝혀라.
   (a) $A \oplus \emptyset = A$
   (b) $A \oplus B = B \oplus A$
   (c) $A \oplus A = \emptyset$
   (d) $A \oplus (B \oplus C) = (A \oplus B) \oplus C$
   (e) $(A \oplus B) \cap C = (A \cap C) \oplus (B \cap C)$
7. 드·모르간법칙을 n개의 집합으로 일반화 하여라.
8. 집합 $A = \{a, b, c\}$의 모든 부분집합에 관해서 그 포함관계를 선도형(line diagram)으로 나타내어라.
9. (포함배제의 원리, Inclusion-Exclusion Principle)
   유한집합 $A_1, A_2, \ldots A_n$이 주어졌을 때, 각 $k = 1, 2, \ldots, n$에 대하여, 이들 중 모두 k개의 집합의 교집합의 크기의 합을 β_k라고 하면,

$$\left| \bigcup_{i=1}^{n} A_i \right| = \beta_1 - \beta_2 + \beta_3 - \cdots + (-1)^{n-1}\beta_n.$$

   이 됨을 밝혀라.

2 집합족과 함수

집합족(family of sets)은 말그대로 집합들을 원소로 가지는 집합을 의미한다. 집합 $A = \{a, b, c\}$의 부분집합 중에서 원소 a을 포함하는 부분집합들의 모임은

$$\{\{a\}, \{a, b\}, \{a, c\}, A\}$$

이다. 여기서, 각 원소를 좌로부터 차례로 번호 1, 2, 3, 4를 붙여서 나타내면, 위의 모임은

$$\{A_1, A_2, A_3, A_4\}$$

로 표현된다. 여기서, $\{1, 2, 3, 4\}$를 **첨자집합**(index set), A_i를 **첨자붙은 집합**(indexed set)이라고 하고, 또한 이러한 모임을 **첨자붙은 집합족**(indexed family of sets)이라고 부른다.

일반적으로, 다음과 같은 모임(집합)

$$\{A_\alpha, A_\beta, A_\gamma, \ldots\} \tag{5.1}$$

을 첨자붙은 집합족이라고 하고, 모임 (5.1)의 원소를 나타내는데 사용된 문자 또는 숫자들의 집합 $I = \{\alpha, \beta, \gamma, \ldots\}$을 첨자집합이라고 하며, 첨자붙은 집합족 (5.1)을 간단히

$$\{A_i \,|\, i \in I\} = \{A_i\}_{i \in I} \tag{5.2}$$

로 나타낸다.

일반적으로, 첨자집합 I가 헤아릴 수 없는 집합(uncountable)인 경우에는 집합족을 원소나열식으로 표현할 수가 없다. 따라서, (5.2)와 같은 표현방식은 첨자집합 I가 헤아릴 수 없는 집합인 경우에 특히 유용하다.

주의 임의의 집합족(family of sets) $\mathcal{A}$은 항상 첨자붙은 집합족으로 생각할 수 있다. 왜냐하면,

$$\mathcal{A} = \{A \,|\, A \in \mathcal{A}\} = \{A\}_{A \in \mathcal{A}}$$

다시 말해서, 임의의 집합족은 자기 자신에 의하여 첨자화 될 수 있다.

예제 5.1 첨자집합 I를 영어 단어들의 집합이라고 하자. 임의의 $\alpha \in I$에 대하여,

$$W_\alpha = \{x \,|\, x\text{는 } \alpha \in I\text{에 있는 문자}\}$$

로 정의하자. 만일 α가 "mathematics"이면,

$$W_\alpha = \{m, a, t, h, e, i, c, s\}$$

이다.

2.1 집합족의 합집합과 교집합

유한개의 집합들의 합집합 개념을 일반적인 경우로 확장하여 정의하여 보자.

정 의 (합집합) $\{A_i\}_{i\in I}$를 첨자붙은 집합족이라고 하자. 집합 A_i들의 **합집합**(union)은 주어진 집합족의 적어도 한 집합에 속하는 모든 원소들로 이루어 진다. 기호로,

$$\bigcup_{i\in I} A_i := \{x \,|\, \exists\, j \in I,\ x \in A_j\}$$

만일 $\mathcal{A}$가 집합족인 경우에는 $\mathcal{A}$의 (원소들의) **합집합**은 $\mathcal{A}$의 원소들인 모든 집합들의 합집합으로 정의한다. 기호로,

$$\bigcup_{A\in\mathcal{A}} A := \{x \,|\, \text{어떤 } A \in \mathcal{A}\text{에 대하여 } x \in A\}$$

유한개의 집합들의 교집합 개념을 일반적인 경우로 확장하여 정의하여 보자.

정 의 (교집합) $\{A_i\}_{i\in I}$를 첨자붙은 집합족이라고 하자. 집합 A_i들의 **교집합**(intersection)은 주어진 집합족의 모든 집합 A_i에 속하는 모든 원소들로 이루어 진다. 기호로,

$$\bigcap_{i\in I} A_i := \{x \,|\, \forall\, i \in I,\ x \in A_i\}$$

만일 $\mathcal{A}$가 집합족인 경우에는 $\mathcal{A}$의 (원소들의) **교집합**은 $\mathcal{A}$의 원소들인 모든 집합들의 교집합으로 정의한다. 기호로,

$$\bigcap_{A\in\mathcal{A}} A = \{x \,|\, \text{모든 } A \in \mathcal{A}\text{에 대하여 } x \in A\}$$

주의 (1) $\bigcup_{A\in\mathcal{A}} A$ 를 간단히 $\bigcup \mathcal{A}$로 표현하기도 한다.

(2) $\bigcap_{A\in\mathcal{A}} A$ 를 간단히 $\bigcap \mathcal{A}$로 표현하기도 한다.

예제 5.2 (1) 각 자연수 $n \in \mathbb{N}$에 대하여, 닫힌구간을 $I_n = [0, 1/n]$이라 하자. 그러면,

$$\bigcup_{n\in\mathbb{N}} I_n = [0,1], \quad \bigcap_{n\in\mathbb{N}} I_n = \{0\}$$

가 됨을 직관적으로 알 수 있다.

(2) 각 자연수 $n \in \mathbb{N}$에 대하여, 열린구간 $O_n = (-1/n, 1/n)$이라 하자. 그러면,

$$\bigcap_{n\in\mathbb{N}} O_n = \{0\}$$

가 됨을 알 수 있다.

(3) 각 자연수 $n \in \mathbb{N}$에 대하여, 열린구간 $F_n = [0, 1-1/(n+1)]$이라 하자. 그러면,

$$\bigcup_{n\in\mathbb{N}} F_n = [0,1)$$

가 됨을 알 수 있다.

[풀이] (1)과 (2)는 연습문제로 남기고, (3)을 증명하여 보자.

$$x \in \bigcup_{n\in\mathbb{N}} F_n \Longrightarrow \exists m \in \mathbb{N} \text{ s.t. } x \in F_m = [0, 1-1/(m+1)] \subset [0,1)$$

따라서

$$\bigcup_{n\in\mathbb{N}} F_n \subset [0,1)$$

역으로, $x \in [0,1)$라고 하자. 그러면 $x/(1-x)$는 실수이고 따라서 $x/(1-x) < m$인 자연수 m이 존재한다. 이제, $x < 1-1/(m+1)$을 알 수 있고, $x \in [0, 1/(m+1)] = F_m$를 얻는다. 따라서 $[0,1) \subset \bigcup_{n\in\mathbb{N}} F_n$

유한개의 집합들의 연산에 관한 여러 가지 정리들은 임의의 집합족의 연산에 관한 정리들로 일반화될 수 있다.

정리 5.1 (일반화된 드·모르간의 법칙) $\{A_i\}_{i\in I}$를 첨자붙은 집합족이라고 하자. 그러면,

(1) $\left(\bigcup_{i\in I} A_i\right)^c = \bigcap_{i\in I} A_i^c$

(2) $\left(\bigcap_{i\in I} A_i\right)^c = \bigcup_{i\in I} A_i^c$

[증명] (1)

$$\begin{aligned} x \in \left(\bigcup_{i\in I} A_i\right)^c &\iff x \notin \bigcup_{i\in I} A_i \\ &\iff \forall i \in I, x \notin A_i \\ &\iff \forall i \in I, x \in A_i^c \\ &\iff \bigcap_{i\in I} A_i^c \end{aligned}$$

(2) 독자를 위해서 연습문제로 남긴다. □

정리 5.2 (일반화된 분배법칙) B를 하나의 집합이라고 하고 $\{A_i\}_{i\in I}$를 첨자붙은 집합족이라고 하면, 다음이 성립한다.

(1) $B \cap \left(\bigcup_{i\in I} A_i\right) = \bigcup_{i\in I}(B \cap A_i)$

(2) $B \cup \left(\bigcap_{i\in I} A_i\right) = \bigcap_{i\in I}(B \cup A_i)$

[증명] (1)

$$\begin{aligned} x \in B \cap \left(\bigcup_{i\in I} A_i\right) &\iff x \in B \text{ 이고, } x \in \bigcup_{i\in I} A_i \\ &\iff x \in B \text{ 이고, } \exists j \in I \text{ s.t. } x \in A_j \\ &\iff \exists j \in I \text{ s.t. } x \in B \cap A_j \\ &\iff x \in \bigcup_{i\in I}(B \cap A_i) \end{aligned}$$

(2) 독자를 위해서 연습문제로 남긴다. □

2.2 집합의 상과 역상

정 의 $f : A \to B$를 함수라고 하고, C와 D를 각각 A와 B의 부분집합이라 하자.

(1) f에 의한 C의 **상**(image) $f(C)$은 다음과 같이 정의된다.

$$f(C) = \{f(x) \,|\, x \in C\}.$$

즉, $f(C)$는 C에 있는 원소들의 상(image) 전체의 집합이다.

(2) f에 의한 D의 **역상**(inverse image) $f^{-1}(C)$은 다음과 같이 정의된다.

$$f^{-1}(D) = \{x \in A \,|\, f(x) \in D\}.$$

즉, $f^{-1}(D)$는 D에 있는 원소들의 원상(pre-image) 전체의 집합이다.

혼동이 없다면, $f(\{a\})$와 $f^{-1}(\{b\})$는 각각 $f(a)$와 $f^{-1}(b)$로 쓴다.

정리 5.3 $f : A \to B$를 함수라고 하고, $\{C_i\}_{i \in I}$를 A의 부분집합의 집합족이라 하면, 다음이 성립한다.

(1) $f\Big(\bigcup_{i \in I} C_i\Big) = \bigcup_{i \in I} f(C_i)$

(2) $f\Big(\bigcap_{i \in I} C_i\Big) \subseteq \bigcap_{i \in I} f(C_i)$

[증명] (1)

$$\begin{aligned}
y \in f\Big(\bigcup_{i \in I} C_i\Big) &\iff \exists\, x \in \bigcup_{i \in I} C_i \text{ s.t. } y = f(x) \\
&\iff \exists\, j \in I \text{ s.t. } x \in C_j,\ y = f(x) \\
&\iff \exists\, j \in I \text{ s.t. } y \in f(C_j) \\
&\iff y \in \bigcup_{i \in I} f(C_i)
\end{aligned}$$

(2)

$$\begin{aligned}\forall i \in I, \bigcap_{i\in I} C_i \subseteq C_i &\Longrightarrow \forall i \in I,\ f\Big(\bigcap_{i\in I} C_i\Big) \subseteq f(C_i) \\ &\Longrightarrow f\Big(\bigcap_{i\in I} C_i\Big) \subseteq \bigcap_{i\in I} f(C_i)\end{aligned}$$

□

주의 정리 5.3의 (2)의 경우에서는 일반적으로 "="이 성립하지 않는다. 예를 들어,

$$A = \{a, b, c, d\},\ B = \{1, 2, 3\}$$

이고, 함수 $f : A \to B$가

$$f(a) = 1,\ f(b) = 2,\ f(c) = 1,\ f(d) = 3$$

로 정의되었다고 하자. 그러면, A의 부분집합 $C_1 = \{a, b\}$과 $C_2 = \{b, c\}$에 대하여,

$$f(C_1 \cap C_2) = f(b) = \{2\} \neq \{1, 2\} = f(C_1) \cap f(C_2).$$

정리 5.4 $f : A \to B$를 함수라고 하고, $\{D_i\}_{i\in I}$를 B의 부분집합의 집합족이라 하면, 다음이 성립한다.

(1) $f^{-1}\Big(\bigcup_{i\in I} D_i\Big) = \bigcup_{i\in I} f^{-1}(D_i)$

(2) $f^{-1}\Big(\bigcap_{i\in I} D_i\Big) = \bigcap_{i\in I} f^{-1}(D_i)$

[증명] (1)

$$\begin{aligned}x \in f^{-1}\Big(\bigcup_{i\in I} D_i\Big) &\Longleftrightarrow f(x) \in \bigcup_{i\in I} D_i \\ &\Longleftrightarrow \exists j \in I \text{ s.t. } f(x) \in D_j \\ &\Longleftrightarrow \exists j \in I \text{ s.t. } x \in f^{-1}(D_j) \\ &\Longleftrightarrow x \in \bigcup_{i\in I} f^{-1}(D_i)\end{aligned}$$

(2) 독자를 위해서 연습문제로 남긴다. □

2.3 집합족의 곱

앞선 장에서 소개한 곱집합의 개념을 임의의 집합족으로 그 개념을 일반화하는 문제를 생각해보자. 유한개의 집합 $A_1, A_2, \ldots, A_n$의 곱은

$$A_1 \times A_2 \times \cdots \times A_n = \{(a_1, a_2, \ldots, a_n) \,|\, a_i \in A_i \, (i = 1, 2, \ldots, n)\}$$

로 정의된다. 즉, 모든 '순서있는 n개 한벌($n-$tuples)'

$$(a_1, a_2, \ldots, a_n)$$

들의 집합이다.

이제, 우리는 이러한 개념을 첨자붙은 집합족 $\{A_i\}_{i \in I}$의 경우로 확장하기를 원한다. 명백히, 원소들의 'I개 한벌($I-$tuples)'이라는 것을 이야기 할 수 없다. 이유는 첨자집합 I가 무한집합일 수도 있고, 또한 순서를 갖지 않을 수도 있기 때문이다. 따라서, 이 문제에 대한 우리의 접근방식을 바꾸어야만 한다.

곱 $A_1 \times A_2 \times \cdots \times A_n$를 다른 관점으로 생각해 보자. 당연히,

$$\{A_1, A_2, \ldots, A_n\}$$

은 첨자집합이 $I = \{1, 2, \ldots, n\}$인 집합족이다. 이제, 순서있는 n개 한벌은 각 원소 $i \in I$를 A_i의 한 원소 a_i로 대응시키는 함수(정의역 I)로 간주할 수 있다. 참으로, 만일 그러한 함수가 f라면, f는 다음의 테이블로 묘사된다.

x	$f(x)$
1	a_1
2	a_2
$\vdots$	$\vdots$
n	a_n

위의 테이블(함수)를 이용하여, 순서있는 n개 한벌 $(a_1, a_2, \ldots, a_n)$를 구성할 수 있다.

역으로, 주어진 순서있는 n개 한벌 $(a_1, a_2, \ldots, a_n)$ 로 부터 테이블 (함수)를 구성할 수 있다.

따라서, 함수 f와 $(a_1, a_2, \ldots, a_n)$는 본질적으로 하나이고 같은 것이다 (그림 5.1 참조).

$$(a_1, a_2, \ldots, a_n) \longrightarrow f : I \to \bigcup_{i=1}^{n} A_i,\ f(i) = a_i$$

$$(f(1), f(2), \ldots, f(n)) \longleftarrow f : I \to \bigcup_{i=1}^{n} A_i,\ f(i) \in A_i$$

그림 5.1: 순서있는 n개 한벌과 함수

정 의 (집합족의 곱) 주어진 집합족 $\{A_i\}_{i \in I}$에 대하여,

$$A = \bigcup_{i \in I} A_i$$

로 두자. 집합 A_i들의 **곱**(product)은 다음과 같이 정의된다.

$$\prod_{i \in I} A_i = \{f \mid f : I \to A\text{는 함수이고},\ f(i) \in A_i,\ \forall i \in I\}$$

예제 5.3 $I = \{1, 2\}, A_1 = \{x, y\}$이고 $A_2 = \{z, w\}$라고 하자. 그러면, 정의에 의하여, $\prod_{i \in I} A_i$는 $f(1) \in A_1$이고 $f(2) \in A_2$를 만족하는 모든 함수 $f : \{1, 2\} \to \{x, y, z, w\}$들로 구성된다. 다시 말해서,

$$\prod_{i \in I} A_i = \{f \mid f : \{1, 2\} \to \{x, y, z, w\}\text{는 함수},\ f(1) \in A_1, f(2) \in A_2\}$$

그러한 함수는 아래와 같은 4개이다.

x	$f_1(x)$
1	x
2	z

x	$f_2(x)$
1	x
2	w

x	$f_3(x)$
1	y
2	z

x	$f_4(x)$
1	y
2	w

이러한 4개의 함수 f_1, f_2, f_3, f_4를 각각 4개의 순서쌍

$$(x, z), (x, w), (y, z), (y, w)$$

과 동일시 할 수 있다. 따라서, $\prod_{i \in I} A_i$는 정확히 $A_1 \times A_2$이다.

2.4 멱집합

주어진 집합 A의 모든 부분집합으로 구성되는 집합은 하나의 집합이고, 이와 같은 집합을 A의 **멱집합**(power set)이라고 하며, $\mathcal{P}(A)$로 나타낸다. 다시 말해서,

$$\mathcal{P}(A) = \{S \mid S \subseteq A\}$$

정 의 주어진 두 집합 A와 B에 대하여, 기호 B^A는 A에서 B로의 모든 함수의 집합을 의미한다. 즉,

$$B^A = \{f \mid f : A \to B\text{는 함수}\}$$

특별히, 위의 정의에서, 만일 2가 두 원소의 집합이면, 2^A는 A에서 $2 := \{0, 1\}$로의 모든 함수의 집합을 나타낸다. 다음의 결과는 멱집합과 관련된 중요한 결과이다.

정리 5.5 주어진 집합 A에 대하여, 두 집합 2^A와 $\mathcal{P}(A)$는 일대일 대응이다.

[증명] 전단사 함수 $\gamma : \mathcal{P}(A) \to 2^A$가 존재함을 보이면 된다. 관계 γ를

$$\gamma(B) = \chi_B, \ \forall B \in \mathcal{P}(A)$$

로 정의하자.[1] γ의 정의에 의하여, 각각의 원소 $B \in \mathcal{P}$는 유일한 상

[1]특성함수 $\chi_B : A \to 2$는

$$\chi_B(x) = \begin{cases} 0, & x \in B\text{일 때} \\ 1, & x \in A \setminus B\text{일 때} \end{cases}$$

로 정의된다.

(image)을 가짐을 쉽게 알 수 있고, 따라서 $\gamma : \mathcal{P}(A) \to 2^A$는 함수가 된다. 이제, 함수 γ가 단사이고 전사임을 보이자.

(i) γ는 단사함수: $B, D \in \mathcal{P}$라고 하자. 만일 $\gamma(B) = \gamma(D)$이면, $\chi_B = \chi_D$이다. 따라서,

$$B = \{x \in A \mid \chi_B(x) = 0\} = \{x \in A \mid \chi_D(x) = 0\} = D$$

(ii) γ는 전사함수: 임의의 $f \in 2^A$에 대하여, $B = f^{-1}(0)$라고 하자. 그러면, $B \in \mathcal{P}$이고, $f = \chi_B = \gamma(B)$이다. □

주의 유한집합인 경우 다음을 알 수 있다.

$$|A| = n \implies |\mathcal{P}(A)| = 2^n$$

■ 연습문제 5.2

1. 첨자집합 $I = \{1, 2, 3, 4\}$이고

$$A_1 = \{a, b, c, d\},\ A_2 = \{c, d, e, f\},\ A_3 = \{c, d, g, h\},\ A_4 = \{c, d, h\}$$

라 할 때, 다음을 구하여라.

(a) $\bigcup_{i \in I} A_i$ (b) $\bigcap_{i \in I} A_i$ (c) $\prod_{i \in I} A_i$

2. 각 자연수 $n \in \mathbb{N}$에 대하여, 닫힌구간 $I_n = [0, 1/n]$을 생각하자. 이 경우

$$\bigcap_{n \in \mathbb{N}} I_n = \{0\}$$

가 됨을 밝혀라.

3. 정리 5.1의 (2)를 증명하여라.

4. 정리 5.2의 (2)를 증명하여라.

5. 정리 5.4의 (2)를 증명하여라.

6. 주어진 집합족 $\{A_i\}_{i\in\mathbb{N}}$에 대하여,

$$\begin{aligned} &B_1 = A_1 \\ &B_2 = A_2 \setminus A_1 \\ &B_3 = A_3 \setminus (A_1 \cup A_2) \\ &\quad \cdots \\ &B_n = A_n \setminus (A_1 \cup A_2 \cup \cdots \cup A_{n-1}) \\ &\quad \cdots \end{aligned}$$

라고 두고 다음을 밝혀라.

(1) 임의의 $i, j\,(i \neq j) \in \mathbb{N}$에 대해서 $B_i \cap B_j = \emptyset$.

(2) 임의의 자연수 n에 대하여,

$$\bigcup_{i=1}^{n} A_i = \bigcup_{i=1}^{n} B_i$$

7. $f : A \to B$를 함수라 하고 B의 두 부분집합을 C와 D라고 하면

$$f^{-1}(C \setminus D) = f^{-1}(C) \setminus f^{-1}(D)$$

가 됨을 밝혀라.

8. $f : A \to B$를 함수라 하고 A의 두 부분집합을 C와 D라고 하면

$$f(C) \setminus f(D) \subseteq f(C \setminus D)$$

가 됨을 밝혀라.

9. $f : A \to B$가 함수, $C \subseteq A$이고 $D \subseteq B$라고 할 때, 다음이 성립함을 보여라.

(a) $C \subseteq f^{-1}(f(C))$ (b) $f(f^{-1}(D)) \subseteq D$

10. $f : A \to B$가 함수, $C \subseteq A$이고 $D \subseteq B$라고 하자.

(a) 만일 f가 단사이면 $C = f^{-1}(f(C))$가 됨을 밝혀라.

(b) 만일 f가 전사이면 $f(f^{-1}(D)) = D$가 됨을 밝혀라.

11. $A = \{a, b, c\}$이고 $B = \{1, 2\}$일 때, A^B, B^A, 2^A와 $\mathcal{P}(A)$를 구하여라.

3 동치관계와 분할

집합 $A = \{1, 2, \ldots, 10\}$와 A의 부분집합

$$A_1 = \{1, 3, 9\},\ \ A_2 = \{2, 5, 7, 8, 10\},\ \ A_3 = \{4, 6\}$$

을 생각해 보자.

- 이들 부분집합 A_i는 어느 것이나 A의 원소를 가지며,
- 이들의 합집합은 A와 같고,
- 또한 어느 두 부분집합에도 공통원소를 갖지 않는다.

이 경우에 집합족 $\{A_1, A_2, A_3\}$를 A의 분할(partition)이라고 한다. 이러한 개념을 일반적으로 확장하여 정의하면 다음과 같다.

정 의 (분할) 주어진 집합 A에 대하여, 다음을 만족하는 집합 A의 공집합이 아닌 부분집합들의 한 집합족 $\{A_i\}_{i \in I}$를 A의 **분할**이라고 부른다.

(P1) $\forall i, j \in I,\ A_i \cap A_j = \emptyset$ 또는 $A_i = A_j$

(P2) $A = \bigcup_{i \in I} A_i$

주의 위의 정의를 좀더 세밀하게 살펴보자.

- 주어진 집합 A의 한 분할을 구성하는 부분집합은 「하나 이상의 첨자에 의하여 표현되어 질 수 있다는 것」은 흔한 일이다. 즉, $A_i = A_j,\ i \neq j$. 이를테면, 그 부분집합의 첨자를 그 집합의 대표원을 선택하여 첨자화시키는 경우에 흔히 나타난다.
- 위의 두 조건 다음과 같이 진술될 수 있다.

  (P1) $\exists x \in A_i \cap A_j \implies A_i = A_j.$

  (P2) $x \in A \implies \exists i \in I,\ x \in A_i.$

주어진 집합의 분할과 동치관계의 관련성을 알아보기 위하여, 먼저, 동치관계의 정의를 상기하자. 집합 A에서의 **동치관계** R은 다음의 세 조건을 만족하는 A에서의 관계 R를 의미한다.

(a) R은 반사적이다. 즉, $(a,a) \in R,\ \forall\, a \in A.$

(b) R은 대칭적이다. 즉, $(a,b) \in R \implies (b,a) \in R.$

(c) R은 추이적이다. 즉, $(a,b) \in R,\ (b,c) \in R \implies (a,c) \in R.$

정 의 (동치류) R을 주어진 집합 A에서의 동치관계라고 하자. 주어진 $x \in A$에 대하여, **법 R에 관한 x의 동치류** R_x(equivalence class of x modulo R)는 다음과 같이 정의된다.

$$R_x = \{y \in A \,|\, (y,x) \in R\}$$

다시 말해서, R_x는 x와 관계있는 A의 모든 원소들의 집합이다. 흔히, 수학책에서는 x의 동치류 R_x를 A_x, $[x]$, x/R와 같은 기호로 나타내기도 한다.

예제 5.4 주어진 집합 $A = \{a,b,c,d\}$에 대하여,

$$R = \{(a,a),(b,b),(a,b),(b,a),(c,c),(d,d)\}$$

라고 하면, R은 A에서의 동치관계가 됨을 알 수 있고, 또한

$$R_a = \{a,b\} = R_b,\ R_c = \{c\},\ R_d = \{d\}$$

이 됨을 알 수 있다.

예제 5.5 정수의 집합 $\mathbb{Z}$에서의 관계 R

$$x\,R\,y \iff x-y\text{는 3의 배수}$$

은 동치관계이다. 그리고,

$$R_0 = \{3k : k \in \mathbb{Z}\}, R_1 = \{3k+1 : k \in \mathbb{Z}\}, R_2 = \{3k+2 : k \in \mathbb{Z}\}$$

각 $k \in \mathbb{Z}$에 대해서 다음을 알 수 있다.

$$R_0 = R_{3k}, R_1 = R_{3k+1}, R_2 = R_{3k+2}$$

예제 5.6 $A = \mathbb{Z} \times (\mathbb{Z} \setminus \{0\})$라고 할 때, A에서의 관계 R을

$$(a,b)\,R\,(c,d) \iff ad = bc$$

로 정의하면, R은 동치관계가 된다. 또한 $(1,2)$의 동치류는 다음과 같다.

$$R_{(1,2)} = \{(1,2),(2,4),(3,6),\cdots,(-1,-2),(-2,-4),(-3,-6),\cdots\}$$

예제 5.7 $A = \{1,2,3,4,5\} \times \{1,2,3,4,5\}$에서의 동치관계 R을

$$(a,b)\,R\,(c,d) \iff a+d = b+c$$

로 정의하자.

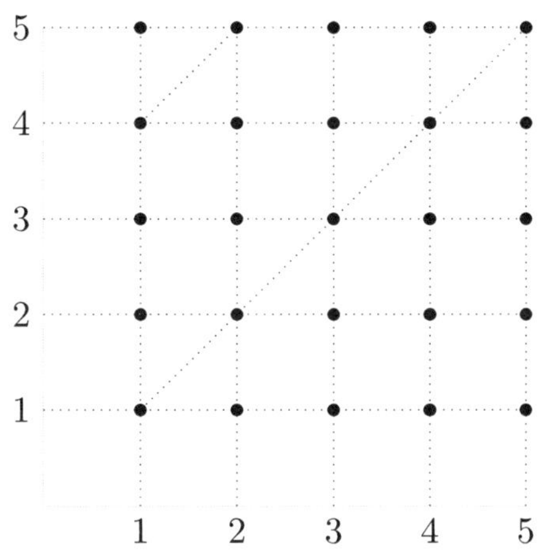

그러면 원소 $(1,1)$의 동치류는

$$R_{(1,1)} = \{(1,1),(2,2),(3,3),(4,4),(5,5)\}$$

이고 또한 원소 $(2,5)$의 동치류는 다음과 같다.

$$R_{(2,5)} = \{(2,5),(1,4)\}$$

보조정리 5.6 R을 집합 A에서의 동치관계라고 하자. 그러면 다음이 성립한다.

$$(x, y) \in R \iff R_x = R_y$$

[증명] 먼저, $(x, y) \in R$라고 가정하자. 그러면 R의 대칭성에 의하여 $(y, x) \in R$ 역시 성립한다. 이 두 사실과 R의 추이성을 사용하여 다음을 얻을 수 있다.

$$\begin{aligned} z \in R_x &\iff (z, x) \in R \\ &\iff (z, y) \in R \\ &\iff z \in R_y \end{aligned}$$

따라서, $R_x = R_y$이다.

역으로, $R_x = R_y$를 가정하자. 관계 R이 반사적이므로, $(x, x) \in R$이고, 따라서 $x \in R_x$이다. 가정에 의하여 $R_x = R_y$이기 때문에, $x \in R_y$이고, 따라서 $(x, y) \in R$이다. □

예제 5.8 (1) 예제 5.4에서, $(a, b) \in R$과 $R_a = R_b$과 동치임을 알 수 있다.

(2) 예제 5.5에서, $(4, 7) \in R$과 $R_4 = R_7$과 동치임을 알 수 있다.

(3) 예제 5.7에서, $\big((2, 5), (1, 4)\big) \in R$과 $R_{(2,5)} = R_{(1,4)}$과 동치임을 알 수 있다.

(4) 예제 5.6에서, $\big((1, 2), (3, 6)\big) \in R$과 $R_{(1,2)} = R_{(3,6)}$과 동치임을 알 수 있다.

정리 5.7 R을 집합 A에서의 동치관계라고 하자. 그러면 동치류의 모임 $\{R_x\}_{x \in A}$는 A의 분할이다.

[증명] 먼저, 정의에 의하여, 각 R_x는 A의 부분집합이다. 각 $x \in A$에 대하여 $x \in R_x$이므로, R_x는 또한 공집합도 아니다.

이제, 분할의 조건 (P1)과 (P2)를 만족한다는 사실을 보이자.

(P1) 임의의 $x, y \in A$에 대하여,

$$\begin{aligned} z \in R_x \cap R_y &\implies z \in R_x,\ z \in R_y \\ &\implies (z,x) \in R,\ (z,y) \in R \\ &\implies (x,z) \in R,\ (z,y) \in R \qquad (R : \text{대칭적}) \\ &\implies (x,y) \in R \qquad (R : \text{추이적}) \\ &\implies R_x = R_y \qquad (\text{보조정리 } 5.6) \end{aligned}$$

(P2) 만일 $x \in A$ 이면, $x \in R_x$. □

정 의 R이 주어진 집합 A에서의 동치관계일 때, $\{R_x\}_{x\in A}$를 **R에 의하여 유도된 분할** 또는 **R에 대응되는 분할**이라고 한다. 습관적으로, 이 분할을 A/R로 나타내고, **R에 의한 A의 상집합**(quotient set)이라고 부른다. 즉,

$$A/R = \{R_x \mid x \in A\} = \{R_x\}_{x\in A}.$$

예제 5.9 예제 5.4에서 $A/R = \{R_x\}_{x\in A}$는 A의 분할이 됨을 알 수 있다. 그림 5.2 참조.

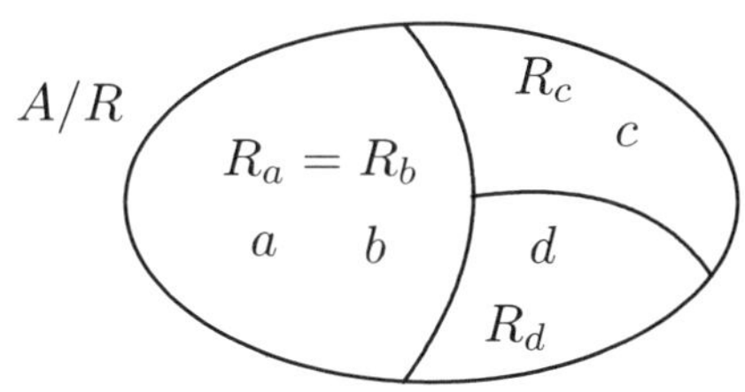

그림 5.2: $A = \{a, b, c, d\}$의 분할

예제 5.10 예제 5.5에서 다음을 알 수 있다.

$$\mathbb{Z}/R := \{R_n : n \in \mathbb{Z}\} = \{R_0, R_1, R_2\}$$

예제 5.11 닫힌구간 $I = [0,1]$에서의 관계 R를 다음과 같이 정의하자.

$$x\,R\,y \iff x = y \text{ 또는 } \{x, y\} = \{0, 1\}$$

그러면 R은 동치관계가 됨을 쉽게 알 수 있다. 또한 1/3의 동치류의 집합은 자신만이 유일한 원소이다. 즉 $R_{1/3} = \{1/3\}$. 일반적으로, 0도 1도 아닌 원소 x의 동치류의 집합은 자신만으로 구성된 단일원 집합이 된다. 다시 말해서

$$R_{x(\neq 0,1)} = \{x\}$$

이다. 그러나

$$R_0 = R_1 = \{0, 1\}$$

가 됨을 알 수 있다. 따라서 R에 의한 I의 상집합은 다음과 같다.

$$I/R = \{\{x\} \mid x \in (0,1)\} \cup \{\{0,1\}\}$$

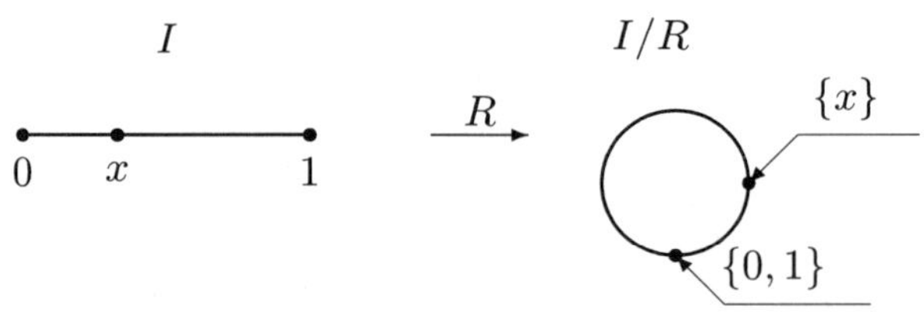

그림 5.3: 상집합

예제 5.12 예제 5.7에서 다음을 알 수 있다.

$$\begin{aligned} A/R &:= \{R_{(n,m)} : (n,m) \in A\} \\ &= \{R_{(1,5)}, R_{(1,4)}, R_{(1,3)}, R_{(1,2)}, R_{(1,1)}, R_{(2,1)}, R_{(3,1)}, R_{(4,1)}, R_{(5,1)}\} \end{aligned}$$

여기서,

$$
\begin{aligned}
R_{(1,5)} &= \{(1,5)\} \\
R_{(1,4)} &= \{(1,4),(2,5)\} \\
R_{(1,3)} &= \{(1,3),(2,4),(3,5)\} \\
R_{(1,2)} &= \{(1,2),(2,3),(3,4),(4,5)\} \\
R_{(1,1)} &= \{(1,1),(2,2),(3,3),(4,4),(5,5)\} \\
R_{(2,1)} &= \{(2,1),(3,2),(4,3),(5,4)\} \\
R_{(3,1)} &= \{(3,1),(4,2),(5,3)\} \\
R_{(4,1)} &= \{(4,1),(5,2)\} \\
R_{(5,1)} &= \{(5,1)\}
\end{aligned}
$$

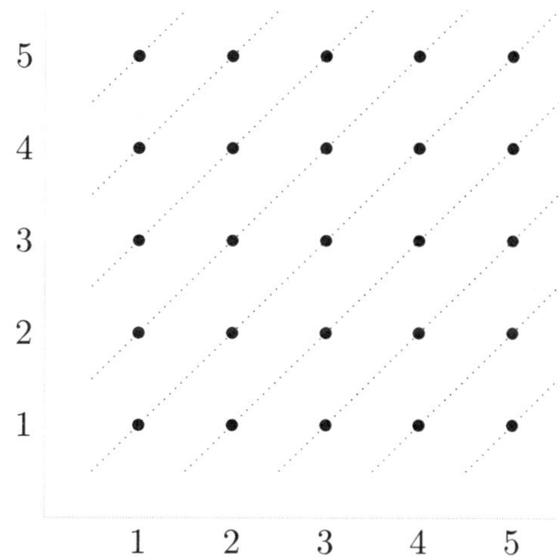

정리 5.7은 다음과 같은 중요한 역정리를 가진다.

정리 5.8 집합족 $\{A_i\}_{i\in I}$를 집합 A의 한 분할이라고 하자. R을 다음

$$R = \{(x,y) \in A \times A \mid \exists i \in I,\ x,y \in A_i\}$$

과 같이 정의하자. 그러면 R은 A에서의 동치관계가 된다. 또한 $\{A_i\}_{i\in I}$는 R에 의하여 유도된 분할이다. 여기서 R을 분할 $\{A_i\}_{i\in I}$에 대응되는 동치관계라고 한다.

[증명] (i) R: 반사적;

$$x \in A \implies \exists i \in I,\, x \in A_i \implies x \in A_i,\ x \in A_i$$
$$\implies (x, x) \in R.$$

(ii) R: 대칭적;

$$(x, y) \in R \implies \exists i \in I,\, x,\, y \in A_i \implies \exists i \in I,\, y,\, x \in A_i$$
$$\implies (y, x) \in R.$$

(iii) R: 추이적;

$$(x, y) \in R,\ (y, z) \in R \implies \exists i \in I,\, x, y \in A_i,\ \exists j \in I,\, y, z \in A_j$$
$$\implies A_i = A_j \quad (y \in A_i \cap A_j)$$
$$\implies x, z \in A_i$$
$$\implies (x, z) \in R.$$

끝으로, $\{A_i\}_{i \in I}$는 R에 의하여 유도된 분할이 됨을 보이자; $x \in A_i$라고 가정하자. 그러면,

$$y \in A_i \iff (y, x) \in R \iff y \in R_x$$

따라서 $A_i = R_x$. □

예제 5.13 주어진 집합 $A = \{a, b, c, d, e\}$에 대하여,

$$A_1 = \{a, b\},\ A_2 = \{c, d\},\ A_3 = \{e\}$$

라고 하면, $\{A_1, A_2, A_3\}$는 A의 한 분할이 된다. 이 분할에 대응하는 동치관계 R은

$$R = \{(a, a), (b, b), (a, b), (b, a), (c, c), (d, d), (c, d), (d, c), (e, e)\}$$

이다.

또한 $\{A_1, A_2, A_3\}$는 동치관계 R에 의하여 유도된 분할 $\{R_x\}_{x \in A}$ 과 같음을 쉽게 알 수 있다. 실제로,

$$A_1 = R_a = R_b,\ A_2 = R_c = R_d,\ A_3 = R_e.$$

주의 정리 5.7와 정리 5.8에 의하여 다음을 알 수 있다.

주어진 집합 A에 대하여, A의 모든 분할의 모임과 A에서의 모든 동치관계의 모임 사이에는 일대일 대응이 있음을 알 수 있다. 즉,

$$\{P : P\text{는 } A\text{의 분할}\} \xleftrightarrow[\text{일대일 대응}]{} \{R : R\text{은 } A\text{에서의 동치관계}\}$$

■ 연습문제 5.3

1. 집합 $A = \{a, b, c, d, e, f\}$를 이용하여 정리 5.7과 정리 5.8을 정당화 하여라.

2. 주어진 집합 A의 분할 중에서 분할수(조각수)가 가장 적은 경우와 가장 많은 경우에 대응하는 A에서의 동치관계를 찾아라.

3. 정수의 집합 $\mathbb{Z}$에서의 고정된 양의 정수 k에 따른 다음의 관계 R

$$x\,R\,y \iff x - y\text{는 } k\text{의 배수}$$

은 동치관계이다. 이 경우 상집합 $\mathbb{Z}/R$을 구하여라.

4. $A = \mathbb{Z} \times (\mathbb{Z} \setminus \{0\})$라고 할 때, A에서의 관계 R을

$$(a, b)\,R\,(c, d) \iff ad = bc$$

로 정의하면, R은 동치관계가 된다. 이 경우 상집합 A/R을 구하여라.

5. $A = \mathbb{N} \times \mathbb{N}$에서의 관계 R을

$$(a, b)\,R\,(c, d) \iff a + d = b + c$$

로 정의하면, R은 동치관계가 된다. 이 경우 상집합 A/R을 구하여라.

6. 다음에 주어진 집합 $A = [0, 1] \times [0, 1]$에서의 동치관계 R에 대하여

$$(x_1, y_1)\,R\,(x_2, y_2) \iff \begin{cases} (x_1, y_1) = (x_2, y_2) \text{ 또는} \\ \{x_1, x_2\} = \{0, 1\} \text{ 이고 } y_1 = y_2 \end{cases}$$

(a) $R_{(1/3,1/2)}$, $R_{(0,1/3)}$, $R_{(1,2/3)}$를 구하여라.

(b) 상집합 A/R을 기하적으로 묘사하여라.

7. 다음에 주어진 집합 $A = [0,1] \times [0,1]$에서의 동치관계 R에 대하여

$$(x_1, y_1)\, R\, (x_2, y_2) \iff \begin{cases} (x_1, y_1) = (x_2, y_2) \text{ 또는} \\ \{x_1, x_2\} = \{0, 1\} \text{ 이고 } y_1 = 1 - y_2 \end{cases}$$

(a) $R_{(1/3,1/2)}$, $R_{(0,1/3)}$, $R_{(1,2/3)}$를 구하여라.

(b) 상집합 A/R을 기하적으로 묘사하여라.

8. 다음에 주어진 집합 $A = [0,1] \times [0,1]$에서의 동치관계 R에 대하여

$$(x_1, y_1)\, R\, (x_2, y_2) \iff \begin{cases} (x_1, y_1) = (x_2, y_2) \text{ 또는} \\ \{x_1, x_2\} = \{0, 1\} \text{ 이고 } y_1 = y_2 \text{ 또는} \\ \{y_1, y_2\} = \{0, 1\} \text{ 이고 } x_1 = x_2 \end{cases}$$

(a) $R_{(1/3,1/2)}$, $R_{(0,1/3)}$, $R_{(1,2/3)}$, $R_{(1/4,0)}$, $R_{(3/4,1)}$를 구하여라.

(b) 상집합 A/R을 기하적으로 묘사하여라.

9. 다음에 주어진 집합 $A = [0,1] \times [0,1]$에서의 동치관계 R에 대하여

$$(x_1, y_1)\, R\, (x_2, y_2) \iff \begin{cases} (x_1, y_1) = (x_2, y_2) \text{ 또는} \\ \{x_1, x_2\} = \{0, 1\} \text{ 이고 } y_1 = y_2 \text{ 또는} \\ \{y_1, y_2\} = \{0, 1\} \text{ 이고 } x_1 = 1 - x_2 \end{cases}$$

(a) $R_{(1/3,1/2)}$, $R_{(0,1/3)}$, $R_{(1,2/3)}$, $R_{(1/4,0)}$, $R_{(3/4,1)}$를 구하여라.

(b) 상집합 A/R을 기하적으로 묘사하여라.

10. 5-집합에서의 동치관계의 총수를 구하라.

읽기 자료: 모임의 분할수

모임의 분할수에 대하여 알아보자. 먼저, 하얀색(W), 빨간색(R), 검은색(B)인 구슬 3개를 k개의 그룹으로 나누는 방법의 수를 살펴보자.

- $k = 1 : \{\{W, R, B\}\}$: 1가지
- $k = 2 : \{\{W\}, \{R, B\}\}$, $\{\{R\}, \{W, B\}\}$, $\{\{B\}, \{R, W\}\}$: 3가지
- $k = 3 : \{\{W\}, \{R\}, \{B\}\}$: 1가지

일반적으로, 음이 아닌 정수 n, k에 대하여, 서로 다른 n개의 구슬을 k개의 그룹으로 나누는 방법의 수를 **제2종 스털링 수**(Stirling number of 2nd kind)라고 하고, $S(n, k)$로 나타낸다. 위의 예제에서

$$S(3,1) = 1, \quad S(3,2) = 3, \quad S(3,3) = 1$$

임을 알 수 있다. 편리를 위해서 $S(0,0) = 1$로 정의하고, 다음의 표를 얻을 수 있다.

$n \setminus k$	0	1	2	3	4	5	$\cdots$
0	1	0	0	0	0	0	$\cdots$
1	0	1	0	0	0	0	$\cdots$
2	0	1	1	0	0	0	$\cdots$
3	0	1	3	1	0	0	$\cdots$
4	0	1	7	6	1	0	$\cdots$
5	0	1	15	25	10	1	$\cdots$
$\vdots$	$\vdots$	$\vdots$	$\vdots$	$\vdots$	$\vdots$	$\vdots$	$\ddots$

이 표는 흥미로운 규칙성을 지니고 있다. 위의 표에서 'ㄱ'자를 유심히 살펴보면 다음의 규칙을 알 수 있다.

$$25 = 7 + 3(\text{그룹수}) \times 6 = S(5, 3(\text{그룹수}))$$

표의 다른 부분에서도 이와 같은 규칙성이 있음을 알 수 있다. 즉,

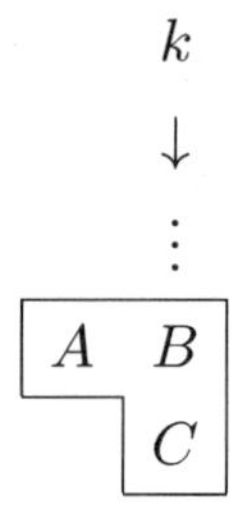

에서

$$C = A + k \times B$$

따라서 서로 다른 n개의 구슬을 구별 없는 k개의 상자에 빈 상자를 허용하여 넣는 방법의 수, 즉, 서로 다른 n개의 구슬을 k개 이하의 그룹으로 나누는 방법의 수 $B(n, k)$는 다음과 같다.

$$B(n, k) = S(n, 0) + S(n, 1) + \cdots + S(n, k)$$

여기서, $n = k$인 경우의 수를 $B_n = B(n, n)$으로 나타내고, 이 수를 **벨 수**(Bell number)라고 부른다. 예를 들어, 앞의 예제에서

$$B_3 = S(3, 0) + S(3, 1) + S(3, 2) + S(3, 3) = 0 + 1 + 3 + 1 = 5$$

이다. 실제로, 벨 수 B_n은 n-집합(n개의 원소를 가지는 집합)의 분할 수 또는 n-집합상에서의 동치관계의 수를 의미한다.

읽기 자료: 곡면 만들기

1. 윤환면

다음에 주어진 집합 $A = [-1,1] \times [-1,1]$에서의 동치관계 R에 대하여

$$(x_1, y_1)\, R\, (x_2, y_2) \iff \begin{cases} (x_1, y_1) = (x_2, y_2) \text{ 또는} \\ \{x_1, x_2\} = \{-1, 1\} \text{ 이고 } y_1 = y_2 \text{ 또는} \\ \{y_1, y_2\} = \{-1, 1\} \text{ 이고 } x_1 = x_2 \end{cases}$$

상집합 A/R을 기하적으로 묘사([15])하여 보자(연습문제 3의 7번 문제).

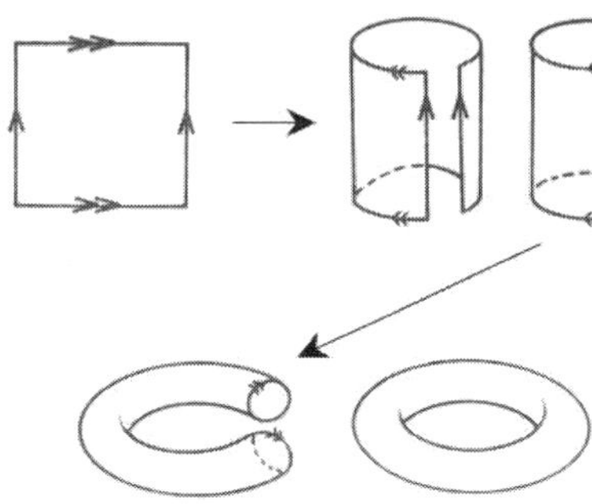

그림 5.4: Torus 만들기

2. 원판이 제거된 Klein 병

다음에 주어진 집합 $A = ([-1,1] \times [-1,1]) \setminus \{(x,y) : x^2 + y^2 < 1/9\}$에서의 동치관계 R에 대하여

$$(x_1, y_1)\, R\, (x_2, y_2) \iff \begin{cases} (x_1, y_1) = (x_2, y_2) \text{ 또는} \\ \{x_1, x_2\} = \{-1, 1\} \text{ 이고 } y_1 = y_2 \text{ 또는} \\ \{y_1, y_2\} = \{-1, 1\} \text{ 이고 } x_1 = 1 - x_2 \end{cases}$$

상집합 A/R을 (위상)기하적으로 묘사([15])하여 보자(연습문제 3의 8번 문제).

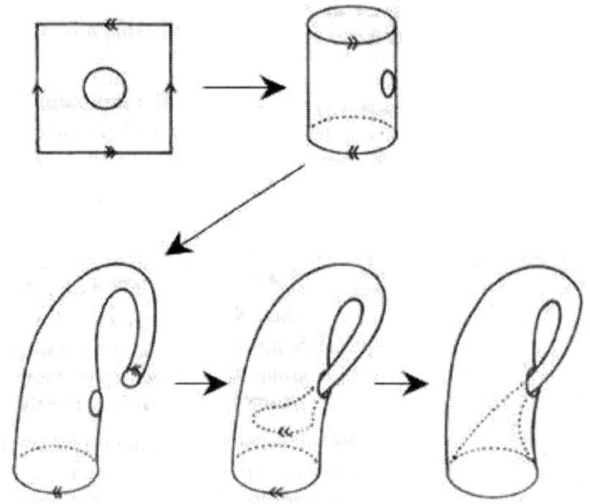

그림 5.5: 3차원에서 Klein 병 만들기

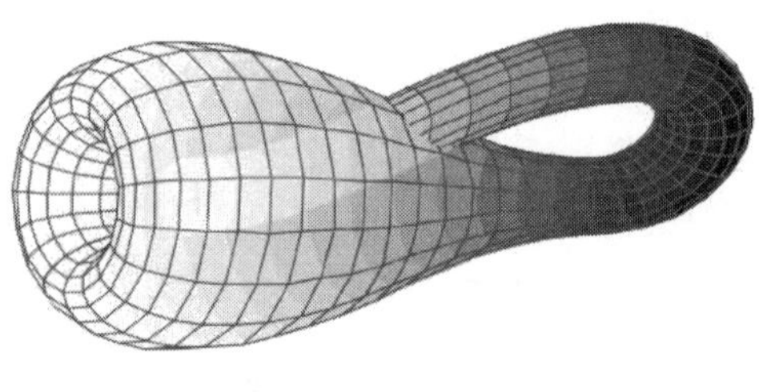

https://en.wikipedia.org/wiki/File:Klein_bottle.svg

제 6 장

기수와 순서

무한에 대한 수학적인 관심은 고대에서 시작되어 현대에 이르고 있지만, 무한의 개념이 새로이 이슈화된 것은 칸토르(Georg Cantor, 1845-1918)에 의하여 집합론의 등장과 그 맥을 같이 한다고 볼 수 있다. 그는 두 집합의 크기를 구별하는 방법으로 일대일 대응의 아이디어를 사용하였다. 다음의 상황은 수학자 힐베르트(D. Hilbert, 1862-1943)가 만든 것으로 유한의 경우에서는 일어날 수 없는 오직 무한의 경우에서만 가능한 무한의 성질을 우리에게 제공한다. 이를 소위 '힐베르트의 호텔'이라고 부른다.

> Hotel Hibert에는 무한개의 객실이 있다. 어느 날 한 명의 손님이 이 호텔에 찾아왔다. 그러나 객실이 모두 차 빈 방이 없었다. 하지만 현명한 호텔 종업원은 궁리끝에 새로운 손님에게 빈방을 마른해 주었다. 종업원은 "1호실 손님은 2호실로, 2호실 손님은 3호실로, 3호실 손님은 4호실로,. . . 옮겨 주시기 바랍니다."라고 방송을 하여 새로온 손님은 빈 방 1호실로 안내를 하였다.

한편, 순서(order)는 수학적 상황이나 일상의 상황에서 흔하게 볼 수 있는 구조이다. 예를 들어, 우리가 흔히 볼 수 있는 사전도 어떤 규정된 순서에 따라 단어들이 나열되어 있음을 알 수 있다.

1 기수

1.1 집합의 크기

임의의 두 집합이 있을 때 어느 집합의 원소의 개수가 많은지, 작은지 혹은 같은지를 알아보는 보편적인 방법은 먼저, 각 집합의 원소의 개수를 세고, 그 후 두 셈수를 비교해 봄으로써 쉽게 알 수 있다.

이러한 경우를 생각해보자. 현대와 달리 수를 표현할 수 있는 수사를 많이 갖고 있지 않은 시절, 이를 테면 원시시대를 생각해보자. 실제로, 사용하는 수사가 '하나, 둘' 만 가지고 있다면 원소의 개수를 어떻게 헤아릴까? 그리고 두 집합의 크기(원소 개수)비교는? 기르고 있는 오늘의 소의 수가 어제와 같은지, 많은지 혹은 작은지는 가지고 있는 '조개껍질 다발'과 '소'들이 일대일 대응하는지를 살펴보면 된다.

소 하나 조개껍질 하나, 소 둘 조개껍질 둘, 소 ? 조개껍질 ?, ...

정 의 (대등) 두 집합 X와 Y 사이에 일대일 대응이 존재하면, 이 두 집합 X와 Y는 **대등**(equipotent)하다 또는 **같은 크기**를 가진다고 말하고, 기호

$$X \sim Y \quad \text{또는} \quad |X| = |Y|$$

로 나타낸다.

정리 6.1 대등의 관계 $\sim$는 집합의 모임에서 동치관계이다.

[증명] (i) 반사적; 임의의 집합 X에 대하여, X에서의 항등함수 $1_X : X \to X$는 일대일 대응이다.

(ii) 대칭적; 만일 $X \sim Y$이면, 일대일 대응 $f : X \to Y$이 존재한다. 따라서 f가 일대일 대응이기 때문에, f의 역함수 $f^{-1} : Y \to X$가 존재하고 또한 일대일 대응이다. 따라서 $Y \sim X$이다.

(iii) 추이적; 두 일대일 대응 함수의 합성함수도 또한 일대일 대응이 되기 때문에 대등의 관계 $\sim$는 추이적이다. 즉,

$$X \sim Y,\ Y \sim Z \implies X \sim Z$$

가 성립한다. □

예제 6.1 다음이 성립한다.

(1) 열린구간 $(0,1) \sim$ 열린구간 (a,b).

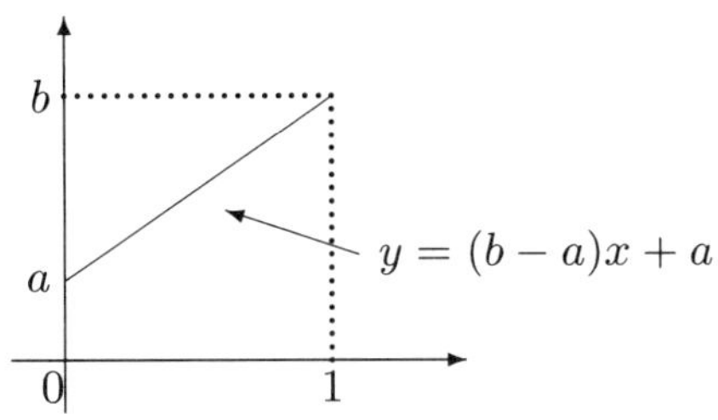

그림 6.1: $(0,1) \sim (a,b)$.

(2) $(-\frac{\pi}{2}, \frac{\pi}{2}) \sim \mathbb{R}$; $y = \tan x$

예제 6.2 X를 공(empty)이 아닌 집합이라 하면, $\mathcal{P}(X) \sim 2^X$이다. 여기서, $\mathcal{P}(X)$는 집합 X의 멱집합이고, 2^X는 집합 X에서 집합 $2 =: \{0,1\}$로의 모든 함수들의 집합이다.

자연수 전체의 집합을 $\mathbb{N}$, 그 짝수의 집합을 $2\mathbb{N}$이라고 하면, $\mathbb{N}$과 $2\mathbb{N}$은 대등함을 알 수 있다. 실제로, 함수

$$f : \mathbb{N} \to 2\mathbb{N}, \ n \mapsto 2n$$

는 두 집합 사이의 일대일 대응이 됨을 쉽게 알 수 있다. 다시 말해서, 자연수의 집합 $\mathbb{N}$은 자신의 진부분집합 $2\mathbb{N}$과 대등(같은 크기)함을 알 수 있다. 예제 6.1에서도 이와 같은 이상한 현상을 볼 수 있다. 즉,

"부분이 전체와 같은 개수의 원소를 가진다"

이러한 성질은 유한집합의 경우에는 절대로 발생할 수 없는 현상이며, 유한집합과 무한집합을 구분짓는 무한집합만의 오묘한 성질이다.

정 의 (무한·유한집합) 자신과 대등한 진부분집합을 가지는 집합을 **무한집합**(infinite set)이라고 부른다. 다시 말해서, 집합 X가 무한집합이라는 의미는 다음을 만족할 때이다.

$$\exists A \subsetneq X \text{ s.t. } X\text{와 } A\text{는 일대일 대응}$$

또한, 무한집합이 아닌 집합을 **유한집합**(finite set)이라고 한다.

예제 6.3 (1) 자연수의 집합 $\mathbb{N}$은 무한집합이다. 왜냐하면, $2\mathbb{N} \subsetneq \mathbb{N}$이고,

$$f : \mathbb{N} \to 2\mathbb{N},\ f(n) = 2n$$

는 일대일 대응이다.

(2) 공집합은 유한집합이다; 공집합은 진부분집합을 가질 수 없다. 따라서 무한집합이 아니다.

(3) $\{a, b\}$는 유한집합이다; 주어진 집합 $\{a, b\}$의 진부분집합은

$$\emptyset,\ \{a\},\ \{b\}$$

가 전부이며, 어느 것도 자신 $\{a, b\}$과 일대일 대응이 될 수 없다. 따라서 무한집합이 아니다.

정리 6.2 다음은 동치이다.

(1) X는 무한집합이다.

(2) $f(X) \subsetneq X$가 되는 단사함수 $f : X \to X$가 존재한다.

[증명] (1) $\Longrightarrow$ (2): X를 무한집합이라고 가정하자. 그러면 정의에 의하여 X와 대등한 진부분집합 $A \subsetneq X$가 존재한다. 따라서

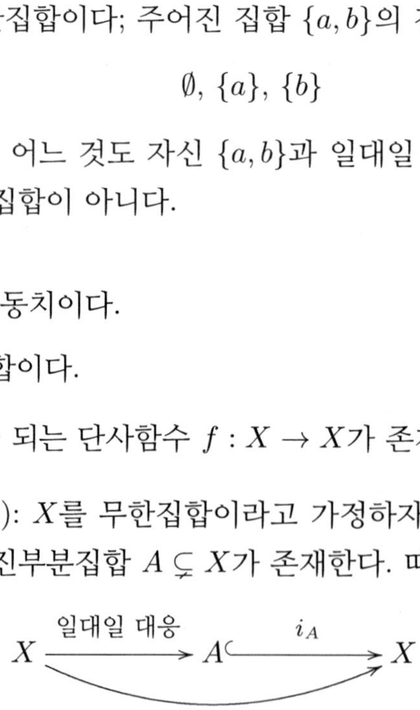

이고, $f(X) = A \subsetneq X$이다.

(2) $\Longrightarrow$ (1): $f(X) \subsetneq X$인 단사함수 $f : X \to X$의 존재를 가정하자. 그러면 $f(X)$는 X의 진부분집합이고 또한 X와 $f(X)$는 f에 의하여 일대일 대응, 즉, 대등하다. □

예제 6.4 함수 f를 $f : \mathbb{N} \to \mathbb{N}$, $f(n) = 2n$로 정의하면, f는 단사함수이고, 또한 $f(\mathbb{N}) = 2\mathbb{N} \subsetneq \mathbb{N}$. 따라서, 정리 6.2에 의하여, $\mathbb{N}$은 무한집합이다.

1.2 가부번집합

정 의 (가부번, 가산)

(1) 자연수의 집합 $\mathbb{N}$과 대등한 집합을 **가부번집합**(可付番集合; denumerable set)이라 하고, 농도 $\aleph_0$(aleph-zero)를 가졌다고 한다.

(2) **가산집합**(可算集合; countable set)은 유한 또는 가부번인 집합이다.

주의 정의에 의하여 가부번인 집합은 무한집합이다. 또한 X가 가부번집합이면, 일대일 대응 $f : \mathbb{N} \to X$이 존재한다. 따라서 $f(n) = x_n$으로 나타내면, 집합 X는 다음과 같이 표현할 수 있다.

$$X = \{x_1, x_2, \ldots, x_n, \ldots\},\ x_i \neq x_j\ (i \neq j \in \mathbb{N})$$

다시 말해서, 모든 X의 원소에 빠짐없이 번호를 부여할 수 있다.

예제 6.5 서로 다른 원소로 구성된 무한수열은 가부번이다.

예제 6.6 그림 6.2에 의하면, $\mathbb{N} \times \mathbb{N}$은 가부번이다.

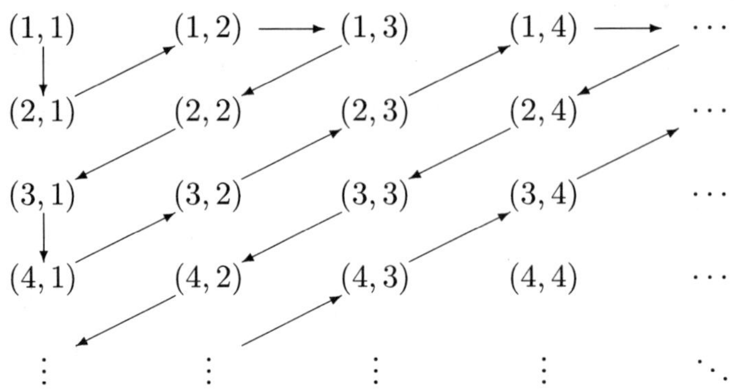

그림 6.2: $\mathbb{N} \times \mathbb{N}$에 번호부여

정리 6.3 임의의 무한집합은 가부번인 부분집합을 포함한다.

[증명] 임의의 무한집합을 X라고 하자. 그러면 $X \neq \emptyset$이고 따라서 집합 X에서 하나의 원소 x_1을 선택할 수 있다. 다음으로 $X \setminus \{x_1\} \neq \emptyset$이므로 하나의 원소 $x_2 \in X \setminus \{x_1\}$를 선택할 수 있다. 이와 같은 방법으로 공집합이 아닌 $X \setminus \{x_1, x_2\}$에서 하나의 원소 x_3를 택할 수 있다.

이와 같이 임의 자연수 k에 대하여, x_k를 집합

$$X \setminus \{x_1, x_2, \ldots, x_{k-1}\}$$

에서 선택할 수 있다. 선택이 항상 가능한 이유는 X가 무한집합이기 때문이다. 따라서 $\{x_k \mid k \in \mathbb{N}\}$는 X의 가부번인 부분집합이다. □

정리 6.4 각 $i \in \mathbb{N}$에 대하여 가부번집합 X_i가 모든 $i \neq j$에 대하여 $A_i \cap A_j = \emptyset$를 만족하면 $\bigcup_{i \in \mathbb{N}} A_i$는 가부번이다.

[증명] 먼저, 각 $k \in \mathbb{N}$에 대해서, 함수

$$f_k : \mathbb{N} \to \mathbb{N} \times \{k\},\ f_k(m) = (m, k)$$

는 일대일 대응이다. 한편, 각 $k \in \mathbb{N}$에 대하여, A_k는 가부번이기 때문에 $A_k \sim \mathbb{N}$, 즉 일대일 함수

$$g_k : A_k \to \mathbb{N}$$

이 존재한다.

이제, 각 $k \in \mathbb{N}$에 대하여, 함수 $h_k = f_k \circ g_k$는 A_k에서 $\mathbb{N} \times \{k\}$로의 일대일 함수가 된다. 즉,

$$A_k \xrightarrow{\ g_k\ } \mathbb{N} \xrightarrow{\ f_k\ } \mathbb{N} \times \{k\}$$
$$A_k \xrightarrow{\qquad h_k \qquad} \mathbb{N} \times \{k\}$$

이러한 사실과 가정 ($A_i \cap A_j = \emptyset,\ i \neq j \in \mathbb{N}$)으로 부터, 모든 함수 h_k의 합의 함수를 생각할 수 있다. 즉,

$$h := \cup_{k \in \mathbb{N}} h_k : \bigcup_{k \in \mathbb{N}} A_k \to \bigcup_{k \in \mathbb{N}} \mathbb{N} \times \{k\} = \mathbb{N} \times \mathbb{N}$$

이고 $x \in A_k$이면 $h(x) = h_k(x)$로 정의된다. 따라서 함수 h는 일대일 대응이 됨을 쉽게 알 수 있다. 또한 $\mathbb{N} \times \mathbb{N}$이 가부번이기 때문에 따라서 $\bigcup_{i \in \mathbb{N}} A_i$는 가부번이다. □

예제 6.7 유리수의 집합 $\mathbb{Q}$는 가부번이다.

[풀이] $\mathbb{Q} = \mathbb{Q}^+ \cup \{0\} \cup \mathbb{Q}^-$이고, $\mathbb{Q}^+ \sim \mathbb{Q}^-$이기 때문에 양의 유리수 집합 $\mathbb{Q}^+$가 가부번임을 밝히면 충분하다.

다음과 같이 정의된 함수

$$f : \mathbb{Q}^+ \to \mathbb{N} \times \mathbb{N},\ \ f(p/q) = (p, q)$$

는 당연히 단사함수이며 따라서 $\mathbb{Q}^+ \sim f(\mathbb{Q}^+) \subseteq \mathbb{N} \times \mathbb{N}$이다. 따라서 $f(\mathbb{Q}^+)$는 가부번집합 $\mathbb{N} \times \mathbb{N}$의 무한부분집합이고 따라서 $f(\mathbb{Q}^+)$는 가부번집합이다. 따라서 $\mathbb{Q}^+$는 가부번이다.

1.3 연속체와 기수의 비교

앞선 절에서는 자연수의 집합과 대등한 무한집합을 주로 다루었다. 여기서 무한집합은 모두 가부번인가? 라는 의문을 품을 수 있다. 운이

나쁘게도 가부번이 아닌 무한집합이 존재한다. 실제로 칸토르는 대각선법을 사용하여 실수의 집합 ℝ은 가부번이 아님을 보였다. 즉,

$$\mathbb{N} \nsim \mathbb{R}.$$

칸토르의 대각선법을 살펴보자.

정리 6.5 열린구간 $(0,1)$은 비가부번집합이다.

[증명] 결론을 부정하면 즉, $(0,1)$은 가부번집합이라 가정하자. 그러면 $(0,1)$의 원소는 수열로 나타낼 수 있다.

$$(0,1) = \{x_1, x_2, \ldots\}.$$

따라서 $(0,1)$의 각 원소는 다음과 같이 무한소수의 모양으로 쓸 수 있다.

$$\begin{aligned} x_1 &= 0.a_{11}a_{12}a_{13}\cdots a_{1n}\cdots \\ x_2 &= 0.a_{21}a_{22}a_{23}\cdots a_{2n}\cdots \\ x_3 &= 0.a_{31}a_{32}a_{33}\cdots a_{3n}\cdots \\ &\vdots \\ x_n &= 0.a_{n1}a_{n2}a_{n3}\cdots a_{nn}\cdots \end{aligned}$$

여기서 $a_{ij} \in \{0, 1, \ldots, 9\}$이다. 또한

$$\frac{1}{2} = 0.500\cdots = 0.499\cdots$$

와 같이 두 가지 방법으로 나타낼 수 있는 경우에는 선택을 한다. 즉, 유일한 표현을 위해서 두 가지의 표현 방법 중 하나의 표현법을 선택한다.

이제, 실수 y를 다음과 같이 정의하자.

$$y = 0.b_1b_2b_3\cdots$$

여기서, 각 $i \in \mathbb{N}$에 대하여

$$b_i = \begin{cases} 1 & a_{ii} \neq 1 \\ 0 & a_{ii} = 1 \end{cases}$$

이 수 y는 당연히 $(0,1)$의 원소이다. 그러나 $b_1 \neq a_{11}$인 까닭에 $y \neq x_1$이고 $b_2 \neq a_{22}$인 까닭에 $y \neq x_2$이고, 일반적으로 모든 $n \in \mathbb{N}$에 대하여, $b_n \neq a_{nn}$인 까닭에 $y \neq x_n$이다. 따라서 $y \notin (0,1)$이고, 모순이다. □

주의 실수의 집합의 부분집합인 폐구간, 반폐구간, 개구간은 모두 대등한 집합이다. 이를 테면, $[0,1] \sim [0,1) \sim (0,1] \sim (0,1)$이다.

(1) [1] $[0,1] \sim [0,1)$:

$$f : [0,1] \to [0,1), \quad f(x) = \begin{cases} \dfrac{1}{2^{n+1}}, & x = \dfrac{1}{2^n}\ (n \in \mathbb{N} \cup \{0\}) \\ x, & \text{다른 경우} \end{cases}$$

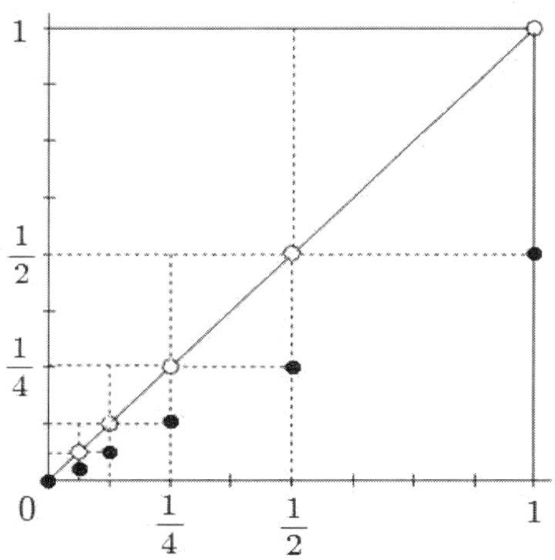

(2) $(0,1] \sim (0,1) : g : (0,1] \to (0,1), g(x) = f|_{(0,1]}$

(3) $[0,1) \sim (0,1] : h : [0,1) \to (0,1], h(x) = 1 - x$

예제 6.8 실수의 집합 $\mathbb{R}$은 비가부번이다. 왜냐하면, 예제 6.1에 의해서, 다음이 성립하기 때문이다.

$$(0,1) \sim (-\pi/2, \pi/2) \sim \mathbb{R}$$

[1] http://matheplanet.com

정 의 (연속체의 농도) 집합 X가 열린구간 $(0,1)$과 대등할 때, X는 농도 또는 기수 c를 가졌다고 하고, 또한 이경우 **연속체의 농도**(power of continuum)를 가졌다고도 한다.

정 의 (기수의 비교) 집합 A가 집합 B의 부분집합과 대등할 때, 즉, 집합 A에서 집합 B로의 단사함수는 존재할 때,

$$A \precsim B \text{ 또는 } |A| \leq |B|$$

라 쓰고, B의 기수는 A의 기수보다 크거나 같다라고 말한다. 또한

$$A \prec B \text{ 또는 } |A| < |B| \iff A \precsim B,\ A \not\sim B$$

를 의미한다. 즉, 집합 A에서 집합 B로의 단사함수는 존재하지만 전단사함수는 존재하지 않음을 나타낸다.

예제 6.9 $\mathbb{N} \prec \mathbb{R}$. 즉, $\aleph_0 = |\mathbb{N}| < |\mathbb{R}| = c$.

'집합 A가 집합 B의 부분집합과 대등하고, 또한 집합 B가 집합 A의 부분집합과 대등할 때 두 집합 A와 B의 기수를 어떻게 비교할 것인가'의 문제에 대하여 칸토르는 두 기수 $|A|$와 $|B|$가 같을 것으로 추측했으나, 그 후 1890년 경에 베른슈타인(F. Bernstein, 1880 ~)과 슈뢰더(Schröder, 1841 ~ 1902)에 의해서 독립적으로 해결되었다.

정리 6.6 (슈뢰더-베른슈타인의 정리; Schröder-Bernstein Theorem) 집합 A가 집합 B의 부분집합과 대등하고, 또한 집합 B가 집합 A의 부분집합과 대등인 집합이라면, A와 B는 대등이다.

예제 6.10 $[0,1] \sim [0,1) \sim (0,1] \sim (0,1)$이다. 먼저,

$$[0,1] \sim [1/4, 3/4] \subset [0,1) \text{ 이고 } [0,1) \sim [0,1) \subset [0,1]$$

임을 알 수 있다. 따라서 정리 6.6에 의해서, $[0,1] \sim [0,1)$이다. 같은 방

법으로, $[0,1] \sim (0,1]$과 $[0,1] \sim (0,1)$를 얻을 수 있다. 이제, 집합사이의 대등관계($\sim$)가 동치관계이기 때문에

$$[0,1] \sim [0,1) \sim (0,1] \sim (0,1)$$

가 됨을 알 수 있다.

주어진 집합 A의 부분집합 전체로 이루어진 집합, 즉 A의 멱집합을 2^A로 나타내자. 실제로, 정리 5.5에 의하여 A의 멱집합은 A에서 2 원소집합 $2 := \{0,1\}$로의 함수 전체의 집합과 일대일 대응을 이룬다.

정리 6.7 $2^{\mathbb{N}} \sim \mathbb{R}$

[증명] 집합 $2^{\mathbb{N}}$은 0과 1로 이루어진 수열 전체의 집합으로 생각할 수 있다. 또한 $[0,1) \sim \mathbb{R}$이다. 따라서 우리는 $2^{\mathbb{N}} \sim [0,1)$이 됨을 보이면 된다. 함수

$$2^{\mathbb{N}} \to [0,1), \quad \{b_n\} \mapsto \sum_n b_n 10^{-n}$$

은 단사함수이고, 또한 함수

$$[0,1) \to 2^{\mathbb{N}}, \quad \sum_n b_n 2^{-n} \mapsto \{b_n\}$$

도 단사함수이므로 슈뢰더-베른슈타인의 정리에 의하여 $2^{\mathbb{N}} \sim [0,1)$이다. □

[연속체 가설] $\mathbb{N} \prec A \prec 2^{\mathbb{N}}$인 집합 A는 존재하지 않는다.

정리 6.8 (칸토르; Cantor) 임의의 집합 A에 대하여 $A \prec 2^A$이다.

[증명] 임의의 함수 $f : A \to 2^A$가 전사가 아님을 보이면 된다. 만약 f가 전사라면 다음과 같이 정의된 집합

$$B := \{a \in A \,|\, a \notin f(a)\}$$

는 2^A에 속하고, $f(b) = B$가 되는 $b \in A$가 존재한다.

이 경우에 $b \in B$이면 $b \notin f(b) = B$이고 모순이다. 또한 $b \notin B = f(b)$이면 $b \in B$라는 모순이 일어난다.

따라서 f는 전사함수가 아니다. □

위 칸토르정리는 무한집합에서도 크기가 다른 무수히 많은 집합이 존재한다는 것을 말해 주고 있다. 이를테면,

$$\mathbb{N} \prec 2^{\mathbb{N}} \prec 2^{2^{\mathbb{N}}} \prec 2^{2^{2^{\mathbb{N}}}} \prec 2^{2^{2^{2^{\mathbb{N}}}}} \prec \cdots$$

■ 연습문제 6.1

1. 단원집합은 유한집합이 됨을 밝혀라.

2. 다음을 밝혀라.

   (a) 무한집합의 모든 초집합(superset)은 무한이다.

   (b) 유한집합의 모든 부분집합은 유한이다.

3. $f : X \to X$를 일대일 대응이라고 하자. 다음이 성립함을 밝혀라.

   (1) 만일 X가 무한집합이면, Y 또한 무한집합이다.

   (2) 만일 X가 유한집합이면, Y 또한 유한집합이다.

4. X가 무한집합이고 $x_0 \in X$이면, $X \setminus \{x_0\}$는 무한집합이 됨을 밝혀라.

5. 가부번집합의 모든 무한부분집합은 가부번이다.

6. 가산집합의 모든 부분집합은 가산이다.

7. 두 가부번집합의 합은 가부번이다.

8. X가 가부번집합이고 Y가 유한집합이면, $X \cup Y$는 가부번임을 증명하여라.

9. $A \prec B$이고 $B \prec C$이면 $A \prec C$이다.

2 순서

순서구조(ordered structure)는 수학에서 흔히 나타나는 기본적인 구조로, 하나의 순서관계(order relation)에 의해서 결정되는 구조를 의미한다. 전형적인 예로, 실수의 대소관계, 집합의 포함관계 등을 생각할 수 있다.

2.1 순서

정 의 (부분순서) 다음이 성립하는 집합 A에서의 관계 $\precsim$를 A에서의 **부분순서**(partial order)라고 한다. 즉 임의의 a, b, c에 대하여

(i) $a \preceq a$ (반사성)

(ii) $a \preceq b$이고 $b \preceq a$이면 $a = b$ (반대칭성)

(iii) $a \preceq b$이고 $b \preceq c$이면 $a \preceq c$ (추이성)

그리고 이 때 $(A, \preceq)$를 **부분순서집합**(partially ordered set)이라 한다.

예제 6.11 열린문장

'x는 y의 배수이다'

에 의하여 정의되는 양의 정수의 집합 $\mathbb{N}$에서의 관계 $\preceq$은 부분순서이다. 더욱이, $6 \preceq 2$, $15 \preceq 3$이고 $13 \preceq 13$이다.

예제 6.12 유클리드 평면 $\mathbb{R}^2 = \mathbb{R} \times \mathbb{R}$에서의

$$(a_1, b_1) \preceq (a_2, b_2) \iff \begin{cases} a_1 < a_2 \text{ 또는} \\ a_1 = a_2 \text{ 이고 } b_1 \le b_2 \end{cases}$$

로 정의된 관계 $\preceq$는 순서관계이다.

예를 들어서, $(2, 3) \preceq (3, 1)$이고, $(2, 3) \preceq (2, 5)$이다. 그림 6.3을 참조하자.

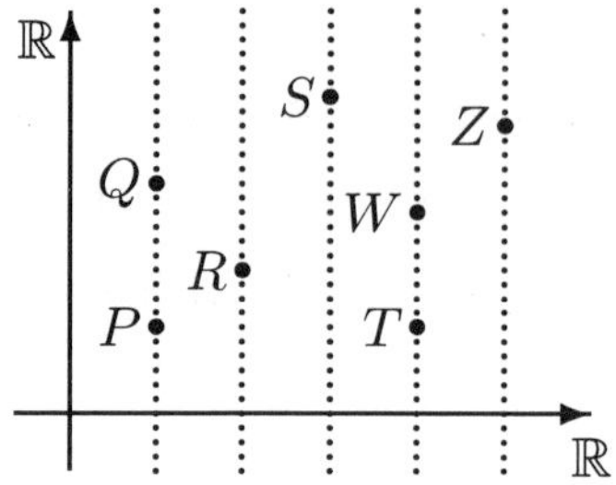

그림 6.3: $P \preceq Q \preceq R \preceq S \preceq T \preceq W \preceq Z$

이 순서는 단어가 사전에 나열된 방법과 비슷하므로, $\mathbb{R}^2$에서의 **사전식순서**(lexicographic ordering)라고 한다. 예를들어, "be"는 "go"보다 앞서고, 또한 "be"는 "by"보다 앞선다.

정 의 (비교가능) 집합 A가 부분순서집합일 때, A의 두 원소 x와 y가

$$x \preceq y \text{ 또는 } y \preceq x$$

이면 x와 y는 **비교가능**(比較可能; comparable)이라 말하며, 그렇지 않은 경우에는 **비교불가능**(比較不可能; incomparable)이라 한다.

정 의 (전순서) 집합 A가 부분순서집합일 때, A의 어떠한 두 원소도 비교가능한 순서를 **전순서**(全順序; total order) 또는 **선형순서**(線形順序; linear order)라 한다. 이 경우 집합 A를 **전순서집합** 또는 **선형순서집합**이라 한다. 특히, 부분순서집합 A의 부분집합 C가 A의 순서관계하에서 전순서집합이면 C를 A의 **쇄**(鎖; chain)라 부른다.

예제 6.13 수 집합 $\mathbb{R}$에서, 열린문장

'x는 y보다 작거나 같다 $(x \le y)$'

로 정의되는 $\mathbb{R}$에서의 관계 $\preceq$은 전순서관계이다. 이것을 $\mathbb{R}$에서의 **자연적인 순서**(natural order)라고 부른다.

예제 6.14 열린문장

$$\text{'}x\text{는 } y\text{의 부분집합이다 } (x \subset y)\text{'}$$

에 의하여 정의되는 한 집합족(a family of sets) $\mathcal{A}$에서의 관계 $\precsim$은 순서관계이나 전순서관계는 아니다. 예를 들어, $A = \{a, b\}$라고 하자. 그러면 A의 멱집합 $\mathcal{A}$은 다음과 같다.

$$\mathcal{A} := 2^A = \{\,\emptyset, \{a\}, \{b\}, A\,\}$$

이 때의 순서를 다이아그램으로 나타내면 그림 6.4과 같다. 여기서, 순서관계가 있는 두 집합은 선으로 연결하되 큰 것(포함관계로)을 보다 위쪽에 나타낸다.

특히, 두 집합 $\{a\}$와 $\{b\}$는 순서관계가 없음을 알 수 있다. 즉, 비교불가능이다. 또한

$$\{\emptyset, \{a\}, A\},\ \ \{\emptyset, \{b\}, A\}, \{\{a\}, A\}, \cdots$$

은 모두 $\mathcal{A}$의 쇄이다.

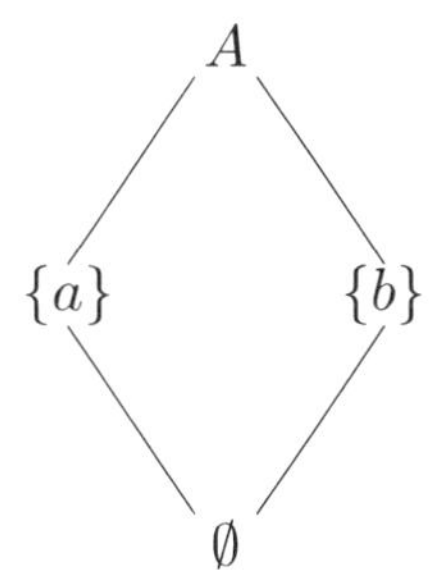

그림 6.4: 전순서가 아닌 부분순서관계

예제 6.15 예제 6.11의 순서관계는 전순서가 아니다. 실제로, 5와 7은 비교불가능이다. 그러나 예제 6.12의 부분순서는 전순서관계이다.

2.2 순서집합의 부분집합

집합 S를 부분순서집합 A의 부분집합이라 하면, A에 주어진 순서 $\preceq_A$는 자연스러운 방법으로 S에 순서를 준다. 임의의 $a, b \in S$에 대하여,

$$a \preceq_S b \iff a \preceq_A b.$$

따라서 순서집합의 부분집합은 다음과 같이 자연스럽게 정의된다.

정 의 집합 S를 부분순서집합 A의 부분집합이라 하자. 집합 S에 순서 $\preceq_S$를 다음과 같이 정의한다.

$$\preceq_S := \preceq_A \cap (S \times S)$$

이 경우에 순서집합 $(S, \preceq_S)$는 순서집합 $(A, \preceq_A)$의 부분집합이라고 한다.

예제 6.16 예제 6.11에서와 같은 순서를 가지는 자연수의 집합 $\mathbb{N}$은 전순서집합이 아니다. 그러나 집합

$$M := \{\, 2^n : n \in \mathbb{N}\}$$

은 $\mathbb{N}$의 전순서부분집합이다.

예제 6.17 그림 6.5와 같은 순서를 가지는 집합 $A = \{a, b, c, d, e\}$를 생각하자.

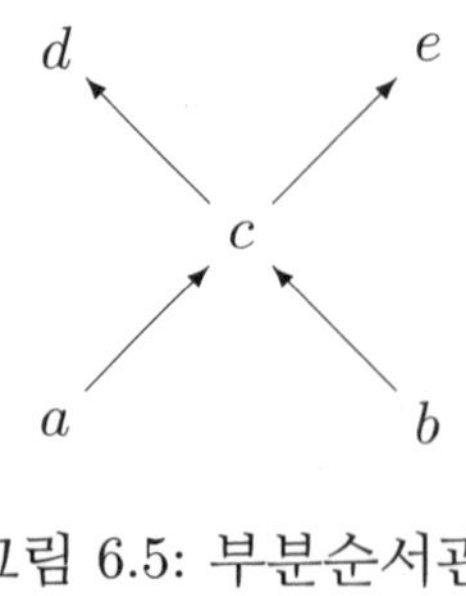

그림 6.5: 부분순서관계

각 집합

$$\{a, c, d\},\ \{a, e\},\ \{b, c, d\},\ \{c, d\}$$

는 전순서부분집합이다. 즉 A의 쇄(chain)이다. 그러나 각 집합

$$\{a, b, c\},\ \{d, e\}$$

는 전순서부분집합이 아니다.

2.3 순서집합의 내부구조

어떤 특별한 원소들은 부분순서 집합의 구조를 연구하는데 중요한 역할을 한다.

정 의 $(A, \preceq)$를 부분순서집합이라고 하자.

(1) $m \in A$에 대하여, $\forall a \in A$에 대해서도 $\prec a$로 되지 않는 경우, m을 A의 **극대원**(極大元; maximal element)이라 한다. 즉

$$\forall a \in A,\ a \succeq m \implies a = m$$

(2) $n \in A$에 대하여, $\forall a \in A$에 대해서도 $n \succ a$로 되지 않는 경우, n을 A의 **극소원**(極小元; minimal element)이라 한다. 즉

$$\forall a \in A,\ a \preceq n \implies a = n$$

(3) 다음을 만족하는 A의 원소 g를 A의 **최대원소**(最大元素; greatest element)라 한다.

$$g \succeq a,\ \forall a \in A.$$

(4) 다음을 만족하는 A의 원소 l를 A의 **최소원소**(最小元素; least element)라 한다.

$$l \preceq a,\ \forall a \in A.$$

주의 극대원(극소원)과 최대원(최소원)의 정의로부터 다음을 알 수 있다.

(1) 부분순서집합 A에 있어서, 원소 a가 다른 모든 원소보다 크면(작으면) 최대원(최소원)이 되고 또한 a보다 큰(작은) 원소가 존재하지 않으면 극대원(극소원)이 된다.

(2) 부분순서집합이 최대원이나 최소원을 가지면 유일하다. 왜냐하면 만일 g와 g'이 주어진 집합의 최대원이라고 가정하자. 그러면 $g \preceq g'$이고 $g' \preceq g$이다. 따라서 $g = g'$이다. 같은 방법으로 최소원도 유일하다.

(3) 부분순서집합에서 최대원(최소원)이 존재하면 그것이 유일한 극대원(극소원)이다.

예제 6.18 예제 6.17에서는 d와 e는 극대원이고, a와 b는 극소원이다. 최대원과 최소원은 존재하지 않는다.

예제 6.19 그림 6.6와 같은 순서를 가지는 집합 $A = \{a, b, c, d, e\}$를 생각하자.

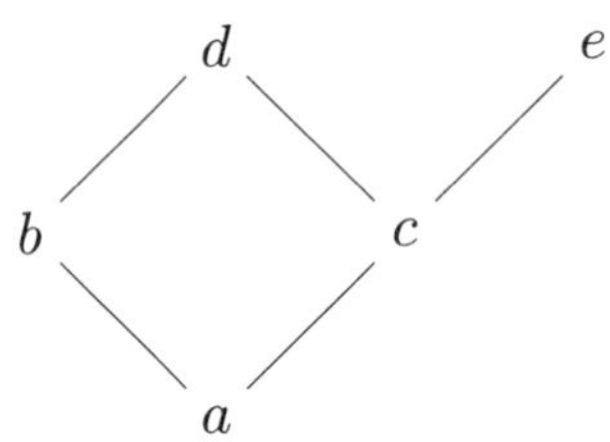

그림 6.6: 부분순서관계

원소 a는 최소원이 된다. 그러나 최대원은 없다. 또한 d와 e는 극대원이다.

예제 6.20 자연순서를 가지는 자연수의 집합 $\mathbb{N}$은 최소원 1을 가진다. 그러나 자연순서를 가지는 정수의 집합 $\mathbb{Z}$는 최소원도 최대원도 갖지 않는다.

예제 6.21 주어진 집합 A의 멱집합 2^A이

$$\text{‘}x\text{는 } y\text{의 부분집합이다 } (x \subset y)\text{’}$$

의 부분순서를 가질 때, 공집합 $\emptyset$은 최소원이고 A는 최대원이다.

예제 6.22 열린구간 $(0,1)$에는 극원이 없다.

정 의 집합 B를 부분순서집합 $(A, \preceq)$의 부분집합이라고 하자.

(1) $\forall x \in B,\ a \succeq x$인 $a \in A$를 A에서의 B의 **상계**(上界; upper bound)라 한다.

(2) $\forall x \in B,\ b \preceq x$인 $b \in A$를 A에서의 B의 **하계**(下界; lower bound) 라 한다.

(3) A에서의 B의 상계들의 집합이 최소원을 가질 때, 이 원소를 A에서의 B의 **최소상계**(最小上界; least upper bound) 또는 **상한**(上限; supremum)이라 부르고 $\sup_A B$로 표기한다.

(4) A에서의 B의 하계들의 집합이 최대원을 가질 때, 이 원소를 A에서의 B의 **최대하계**(最大下界; greatest lower bound) 또는 **하한**(下限; infimum)이라 부르고 $\inf_A B$로 표기한다.

예제 6.23 실수 $\mathbb{R}$의 부분집합 $B = (0, 1]$을 고려하자.

(1) $\mathbb{R}$에서의 B의 상계들의 집합은

$$\{x \in \mathbb{R} : 1 \leq x\}$$

(2) $\mathbb{R}$에서의 B의 하계들의 집합은

$$\{x \in \mathbb{R} : x \leq 0\}$$

(3) $\mathbb{R}$에서의 B의 상한과 하한은 다음과 같다.

$$\sup_{\mathbb{R}} B = 1,\ \inf_{\mathbb{R}} B = 0.$$

예제 6.24 집합 $A = \{a, b, c, d, e, f, g\}$에 그림 6.7와 같은 순서가 주어지고, $B = \{c, d, e\}$라 하자.

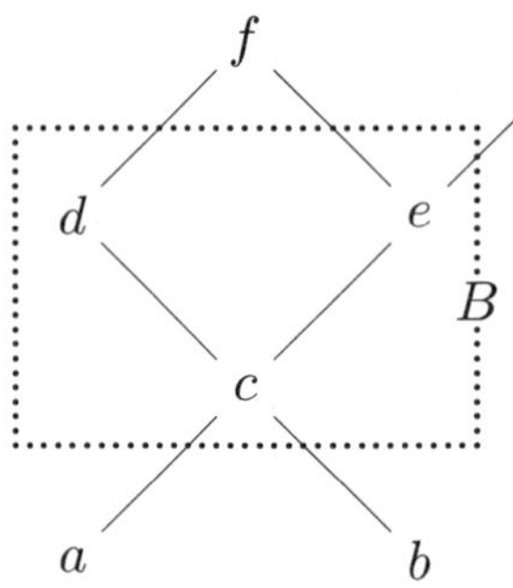

그림 6.7: 순서관계

(1) a, b와 c는 집합 A에서의 B의 하계이다.

(2) f는 집합 A에서의 B의 상계이다. 여기서 원소 g는 B의 상계가 아니다. 왜냐하면, d와 g는 비교불가능이기 때문이다.

(3) A에서의 B의 상한과 하한은 다음과 같다.

$$\sup_{\mathbb{A}} B = f,\ \inf_{\mathbb{A}} B = c.$$

정 의 (조건완비) 집합 A를 부분순서집합이라고 할 때, 위로(또는 아래로) 유계인 A의 공이 아닌 임의의 부분집합의 상한(또는 하한)이 존재한다면, A는 **조건완비**(conditionally complete) 또는 **순서관계에 관해서 완비** (complete with respect to the order)하다고 한다.

예제 6.25 (완비공리) $S(\neq \emptyset)$를 실수 $\mathbb{R}$의 한 부분집합이라 하자. 만약 S의 상계(하계)를 가지면, $\sup_{\mathbb{R}} S$와 $\inf_{\mathbb{R}} S$가 존재한다. 즉, $\mathbb{R}$은 조건완비이다.

예제 6.26 집합 $B := \{x \in \mathbb{Q} : 2 < x^2 < 3,\ x > 0\}$는 무한히 많은 $\mathbb{Q}$ ($\mathbb{R}$)에서의 상계와 하계를 갖지만, $\sup_{\mathbb{Q}} B$와 $\inf_{\mathbb{Q}} B$는 존재하지 않는다. 그러나 $\sup_{\mathbb{R}} B = \sqrt{3}$이고, $\inf_{\mathbb{R}} B = \sqrt{2}$이다.

예제 6.27 집합 $A = \{a, b, c, d\}$에 그림 6.8와 같은 순서가 주어지고, $B = \{a, b\}$라 하자.

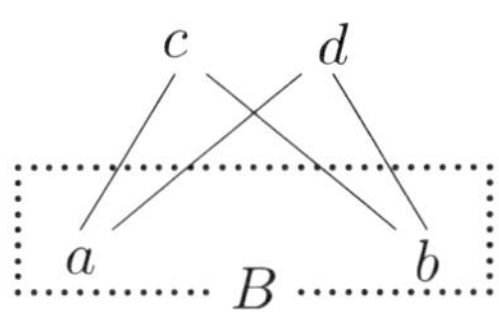

그림 6.8: 순서관계

그러면, B의 상계는 c와 d로 존재하지만, 최소상계 $\sup_A B$는 존재하지 않는다.

정 의 (정렬집합) 부분순서집합 $(A, \preceq)$에서 임의의 공이 아닌 부분집합 B이 최소원을 가질 때, A를 **정렬집합**(整列集合; well ordered set)이라 한다.

주의 (1) 정렬집합 $(A, \preceq)$는 전순서집합이다. 실제로, x, y를 A의 임의의 원소라면, A의 부분집합 $\{x, y\}$은 정의에 의하여 최소원을 가진다. 즉, 최소원은 x 또는 y이며, 따라서 $x \preceq y$ 또는 $y \preceq x$를 얻는다. 다시 말해서 A의 임의의 두 원소는 항상 비교가능하다.

(2) 정렬집합 $(A, \preceq)$는 조건완비이다. $B\,(\neq \emptyset)$가 상계를 가지는 A의 부분집합이라고 하자. 그러면 B의 상계들의 집합 $u(B)$은 공이 아닌 A의 부분집

합이다. 따라서 정의에 의하여, $u(B)$는 최소원 α를 가지며, $\sup_A B = \alpha$.

예제 6.28 다음의 집합들은 정렬집합인지 아닌지를 조사하라.

(1) $\{1, 2, 3, 4, 5\}$
(2) $(\mathbb{N}, \leq)$
(3) $(\mathbb{Q}, \leq)$
(4) $(\mathbb{R}, \leq)$
(5) $(\mathbb{N}, \preceq) := \{\cdots, 3, 2, 1\}$
(6) $([0, 1], \leq)$
(7) $(\mathbb{N}, \preceq) := \{2, 4, 6, \cdots, 1, 3, 5, \cdots\}$

■ 연습문제 6.2

1. 유클리드 평면 $\mathbb{R}^2 = \mathbb{R} \times \mathbb{R}$에서의

$$(a_1, b_1) \preceq (a_2, b_2) \iff \begin{cases} b_1 < b_2 \text{ 또는} \\ b_1 = b_2 \text{ 이고 } a_1 \leq a_2 \end{cases}$$

로 정의된 관계 $\preceq$에 대하여

(a) 순서관계임을 보여라.

(b) 전순서관계가 되는지를 알아보아라.

2. 평면 $\mathbb{R}^2$상에서의 모든 원판(원과 그 내부)의 집합을 A라고 하고 포함관계로 순서관계를 주자. 이 때, 최대원, 극대원, 최소원 및 극소원이 존재하는가?

3. $\mathcal{A}$를 포함관계에 의한 순서를 가지는 집합족이라고 하자. 또한 $\mathcal{B} = \{B_i\}_{i \in I}$를 $\mathcal{A}$의 부분집합이라고 하자. 만일 $\bigcup_{i \in I} B_i$와 $\bigcap_{i \in I} B_i$가 $\mathcal{A}$의 원소이면,

$$\sup \mathcal{B} = \bigcup_{i \in I} B_i, \ \ \inf \mathcal{B} = \bigcap_{i \in I} B_i$$

가 됨을 밝혀라.

4. 그림 6.9에서와 같은 순서를 가지는 집합 $A = \{a, b, c, d, e, f\}$에 대하여, A의 각 부분집합 $B = \{a, b, c, d\}$, $C = \{a, b, c, d, e\}$와 $D = \{a, b, c, d, f\}$의 하계 및 하한을 구하여라.

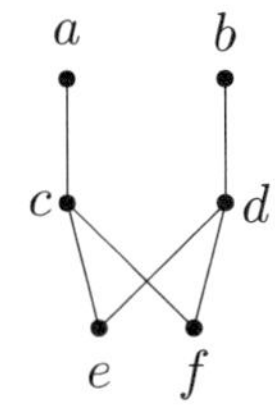

그림 6.9: 순서

5. 선택공리를 사용하여, 임의로 주어진 전사함수는 우역원(right-inverse)을 갖는다는 사실을 밝혀라.

6. 평면 $\mathbb{R} \times \mathbb{R}$상에 다음과 같은 순서관계를 고려하자.

$$(x_1, y_1) \preceq (x_2, y_2) \iff x_1 < x_2$$

   (a) 집합 $A = \{(x, y) \,|\, x \in \mathbb{N},\ y = 3\}$는 $\mathbb{R} \times \mathbb{R}$의 쇄(chain)가 됨을 밝혀라.

   (b) 집합 A를 포함하는 $\mathbb{R} \times \mathbb{R}$의 극대쇄(maximal chain)를 찾아라.

읽기 자료: 수학적 귀납법과 정수의 정렬성

정리 6.9 수학적 귀납법의 원리와 정수의 정렬성과는 동치이다.

[증명] 먼저, 수학적 귀납법의 원리로 부터 정수의 정렬성을 보이자:

S를 공집합이 아닌 $\mathbb{N}$의 임의의 부분집합이라 하고, 집합 S는 최소원이 존재하지 않는다고 가정하자. 또한 $T := \{n \in \mathbb{N} \mid n \notin S\}$ 라고 두자.

(i) 만일 $1 \in S$이면, 1은 S의 최소원이 된다. 이는 가정에 모순이다. 그러므로 $1 \notin S$이고, 따라서 $1 \in T$.

(ii) $n \in T$이면 $n \notin S$이다. 만일 $n+1 \in S$이면 $n+1$은 S의 최소원이 되고, 이는 가정에 모순이다. 따라서 $n+1 \notin S$이고, $n+1 \in T$를 얻는다. 그러면 수학적 귀납법의 원리에 의하여 $T = \mathbb{N}$이다. 따라서 $S = \emptyset$이고 이는 모순이다.

이제, 정수의 정렬성으로 부터 수학적 귀납법의 원리를 보이자:

집합 S가 수학적 귀납법의 두 가정 (i), (ii)를 만족한다고 하자. 우선 $T := \{n \in \mathbb{N} \mid n \notin S\}$라고 하고, $T \neq \emptyset$라고 가정하자. 그러면 정수의 정렬성에 의하여 T는 최소원 l을 갖는다. 한편, 수학적 귀납법의 가정 (i)에 의해서 $1 \in S$이기 때문에, $1 \notin T$이고 따라 $l > 1$이다. 따라서 $0 < l - 1 < l$가 성립한다. l은 T의 최소원이기 때문에, $l - 1 \notin T$이고, 따라서 $l - 1 \in S$이다. 수학적 귀납의 원리의 가정 (ii)에 의하여 $l = (l - 1) + 1 \in S$이고, 이는 l이 T의 원소라는 사실에 모순이다. 결국, $T = \emptyset$이어야 하고, $S = \mathbb{N}$이다. □

읽기 자료: 선택공리와 그 동치

다음과 같은 집합족을 생각하자.

$$\mathcal{F} = \{A_1, A_2, A_3, A_4\}$$

여기서

$$A_1 = \{a, b, c\},\ A_2 = \{b, e\},\ A_3 = \{c, e, g\},\ A_4 = \{g\}$$

$\mathcal{F}$의 각 원소 A_α에서 대표원을 선택하여, 대표원들의 모임인 선택집합을 쉽게 만들 수 있다. 즉,

A_α	$f(A_\alpha) = x_\alpha$
A_1	c
A_2	e
A_3	c
A_4	g

정 의 (선택함수) 공집합이 아닌 집합 A_α를 원소로 갖는 임의의 공이 아닌 집합족을 $\mathcal{F} := \{A_\alpha : \alpha \in I\}$라 하자. $A_\alpha \in \mathcal{F}$ 에 대하여, $f(A_\alpha) \in A_\alpha$를 만족하는 함수

$$f : \mathcal{F} \to \bigcup_{\alpha \in I} A_\alpha$$

를 **선택함수**(choice function)라 하고, $f(A_\alpha) = x_\alpha$를 A_α의 **대표원** (representative) 이라고 부른다.

선택함수의 존재에 대한 수학적 보증 또는 구성은 매우 어려운 문제이다. 이 문제를 해결하기 위한 여러 수학자들의 시도와 노력은 결국 실패로 돌아갔다. 다음의 선택공리는 1904년 쩨르멜로(Frnst Zermelo; 1871 ~ 1953)에 의하여 새로운 공리로서 제창되었다.

■ 선택공리(axiom of choice) 임의의 집합의 대하여 선택함수가 존재한다.

선택공리를 인정하기 까지는 많은 어려움이 있었다. 지금의 완전한 인정은 괴델(Kurt Gödel; 1906 ~ 1978)과 코헨(Paul Joseph Cohen; 1934 ~)의 노력에 기인한다.

선택공리는 선택함수의 구성적인 측면보다는 존재성을 주장하고 있다. 즉, $\mathcal{F}$에서 $\cup A_\alpha$로의 가능한 모든 함수 중에서 주어진 조건을 만족하는 함수가 적어도 하나가 존재한다는 것이지 선택함수를 구성할 수 있다는 것은 아니다.

■ **하우스도르프 극대원리**(Hausdorff maximality principle) 임의의 부분순서집합 $(A, \preceq)$은 극대쇄(maximal chain)을 갖는다.

위상수학이나 대수학의 여러 가지 정리의 증명에 있어서, 선택공리를 사용하는 것 보다 그 동치인 하우스도르프 극대원리를 사용하는 경우를 흔히 접할 수 있다. 하우스도르프 극대원리는 다음과 같이 진술될 수 있다.

> "만일 C가 부분순서집합 $(A, \preceq)$의 쇄(chain)이면, $C \subseteq X \subseteq A$를 만족하는 극대쇄(maximal chain) X가 존재한다."

■ **쪼오른의 보제**(Zone's lemma) 임의의 부분순서집합 $(A, \preceq)$의 모든 전순서부분집합(쇄)이 상계를 가지면, A는 극대원(maximal element) 을 갖는다.

쪼오른의 보제(Zone's lemma)는 선택공리의 동치형식에서 가장 흔히 사용되는 것 중 하나이다. 이 원리를 사용하면 선형공간에서의 기저(basis)의 존재성을 쉽게 증명할 수 있다. 다른 원리와 마찬가지로 이 원리는 어떤 결과(이 원리를 이용한 결과)의 존재성을 이야기할 뿐 그 결과를 구성할 수 있음을 주장하는 것은 아니다.

■ **정렬원리**(well-ordering principle) 모든 집합은 정렬집합이 되도록 순서를 정할 수 있다.

아직까지 실수에 정렬순서를 주는 구체적인 방법은 발견되지 않았다.

대부분의 수학자들은 실수를 정렬시키는 것에 회의적인 견해를 가지고 있다. 정렬원리는, 선택공리와 마찬가지로, 집합을 정렬시킬 수 있는 방법을 구성할 수 있다는 것이 아니고 그 존재성을 주장하고 있다. 다시 말해서, 정렬원리는 집합 A에 줄 수 있는 모든 순서관계 중에는 A를 정렬시키는 순서관계가 적어도 하나 존재한다는 것을 이야기하고 있다.

정 의 두 정렬집합 사이에 순서를 보존하는 일대일 대응은 정렬집합들의 모임에서 동치관계가 된다. 정렬집합의 동치류를 **순서수**(順序數; ordinal number)라 부른다.

칸토르는 자연수의 자연적인 정렬 $\{1, 2, 3, \ldots\}$이 나타내는 순서수를 ω로 표현하였다. 즉,

$$\begin{aligned}
0 &\equiv \emptyset \\
1 &= \{0\} = \{\emptyset\} \\
2 &= \{0, 1\} = \{\emptyset, \{\emptyset\}\} \\
3 &= \{0, 1, 2\} = \{\emptyset, \{\emptyset\}, \{\emptyset, \{\emptyset\}\}\} \\
&\vdots \\
\omega &= \{0, 1, 2, \ldots\}
\end{aligned}$$

이고,

$$\begin{aligned}
\omega + 1 &= \{0, 1, 2, \ldots, \omega\} \\
\omega + 2 &= \{0, 1, 2, \ldots, \omega, \omega + 1\} \\
&\vdots
\end{aligned}$$

읽기 자료: 소박한 집합론

1. 칸토르와 집합론[2]

인간은 오래 전부터 '부분은 전체보다 작다'라는 신념을 무의식 속에 추종하여 왔다. 이러한 신념에 의심을 품고 수학적인 논의에 불을 지핀 수학자가 바로 칸토르(Cantor, 1845-1918)이다.

생애 칸토르는 1845년 3월 3일 러시아의 상트페테르부르크에서 태어났다. 어린 칸토르는 1856년 아버지의 병간호 때문에 추운 러시아의 겨울을 피해 독일로 이사를하였고, 계속 그 곳에서 살았기 때문에 아마도 그를 독일의 수학자라고 여기게 되었다. 칸토르는 중등학교 시절 수학 성적이 매우 우수하였다. 대학에서 공학을 전공하기를 원했던 아버지의 바램과는 달리 자신은 수학을 공부하기를 원했다. 칸토르의 나이가 17

살 때에야 비로소 아버지는 자신의 고집을 버리고 아들이 대학에서 수학을 전공하도록 허락하였고, 결국 그는 취리히, 괴팅겐, 베를린 대학에서 철학과 물리학 및 수학을 공부했다. 1867년 수론에 대한 논문으로 박사학위를 수여받았다.

1869년에 할레-비텐베르크 대학교의 연구원이 되었고 3년 후인 1872년에 조교수가 되었다. 1874년에 발리 구트만과 결혼하여 6명의 자녀를 두었다. 칸토어는 그의 나이 34세인 1879년에 정교수로 승진하게 되었지만 모교인 베를린 훔볼트 대학교로 자리를 옮기려 하였으나, 레오폴트 크로네커(Leopold Kronecker, 1823–1891)[3]의 반대로 무산되었다. 이유는 칸토르의 집합론은 수학의 구성주의(Constructivism)를 지향하는 크로네커의 철학적 신념에 반하기 때문이었다. 칸토르는 무한에 관한 주장

---

[2]https://ko.wikipedia.org/wiki

[3]"정수는 신이 창조하셨고, 나머지는 인간의 창작물이다."라는 유명한 격언에서 알 수 있듯이 크로네커는 정수론에 기초하는 수의 산술화에 절대적인 믿음을 갖고 있었다.

때문에 여러 수학자들에게 비판을 받았다. 1904년에 쾨니그 줄러(Kőnig Gyula, 1849–1913)는 칸토어 집합론의 핵심 개념이었던 정렬 정리의 "반증"을 발표하였다. 이 반증은 곧 심각한 오류가 있음 알려졌으나, 칸토르는 큰 충격을 받았다. 이후 칸토르는 입원을 반복하다가 결국 1913년에 할레-비텐베르크 대학교에서 은퇴하였다. 1918년 1월 6일 할레의 한 정신병원에서 정신병으로 사망하였다.

주요 업적 칸토르의 주요업적으로는 수학에 집합 개념의 도입, 당대 수학자인 데데킨트와 더불어 실수 개념의 엄밀한 정의 그리고 그 와 같은 시대 수학자들이 기피하던 무한에 대한 진취적인 탐구가 있다. 칸토르는 집합사이의 일대일 대응 개념을 통해 집합의 크기(Cardinality)를 정의하여, 유한집합에서는 결코 일어날 수 없는 자신과 자신의 부분이 대등할 수 있다는 무한집합에서의 특이한 현상과 무한집합도 그 크기가 다를 수 있다는 것을 보였다. 실제로, 자연수와 짝수, 유리수는 그 개수가 같지만, 실수는 자연수보다 훨씬 많다는 것을 증명하였다. 그는 이 증명에서 유명한 '대각선 논법'을 사용했다. 말년에 그는 연속체 가설을 증명하기 위해서 노력하였으나 결국 실패하였다. 칸토르 이후 본격적으로 다루게 된 집합의 개념은 현대 수학에서 모든 수학적 논의의 출발점이 되었다. 다음과 같은 칸토르의 주장 속에 그의 사상을 엿볼 수 있다.

"The essence of mathematics is its freedom"

2. Russell의 역설

칸토르의 '소박한 집합론'에서는 집합이 '잘 정의된 대상들의 모임'으로 정의되어있다. 여기서 대상들 각각을 그 집합의 원소라 부르고, 대상은 수나 사람들이나 또는 다른 집합과 같은 것이 될 수 있다. 일반적으로, 수학에서의 집합은 자기 자신을 원소로 가지지 않는다. 예를 들어, 정수 전체의 집합은 자기 자신을 원소로 하지 않는다. 그러나 다음의 집합([3], p.22)을 생각해보자.

$$S = \{x : x \text{는 한글 서른 자 이내로 정의되는 집합}\}$$

그러면 이 집합 S에는 자기 자신 S가 속한다. 왜냐하면, S는 "한글 서른 자 이내로 정의되는 집합들 모두로 이루어진 집합"으로 24자로 정의될 수 있기 때문이다.

이제, 자기 자신을 원소로 하지 않는 집합들 전체로 이루어진 집합을 생각해보자. 즉,

$$T = \{x : x \notin x\}$$

그러면

- 만일 $T \in T$이면, $T \notin T$이고 이것은 불가능하다.
- 만일 $T \notin T$이면, $T \in T$이고 이것도 불가능하다.

위와 같은 Russell의 역설은 흔히 알려진 이발사의 역설([3]에서 참조함)로 잘 설명된다.

> 어느 마을의 이발사는 다음과 같이 선언했다. "나는 자기 스스로 면도를 하지 않는 사람들은 내가 면도를 해줄 것이고, 스스로 면도를 하는 사람은 내가 면도를 해 주지 않겠소." 이 때 이 이발사의 수염은 누가 잘라줘야 하는가? 만일 다른 사람이 이 이발사에게 면도를 해준다면 이 이발사는 스스로 면도를 하지 않았으니 이 이발사는 자신 스스로가 면도를 해야한다. 그러나 이발사 자신이 스스로 면도를 한다면 자신은 면도를 스스로 하는 사람이 되므로 자신이 면도를 할 수 없다. 이 이발사는 어찌하면 되는가?

위와 같은 소박한 집합론의 모순을 해결하기 위해, 수학자들은 집합들과 관련된 공리들을 설정함으로써 '공리적 집합론'을 만들었다. 공리적 집합론에서는 '집합'과 '원소'를 정의하는 대신 몇 가지 공리를 설정하여 우리가 직관적으로 받아들이는 집합의 성질들을 정당화시키고 집합과 관련된 이론을 전개해나간다.

3. 외연적 정의

칸토르의 '소박한 집합론'에서의 집합의 정의는 새로운 개념의 창안으로 보기 어려운 단순한 사전적 정의에 불과할 수 있다. 그러나 집합언어를 기호화하여 구사하면서 연구·전개하는 집합적 접근 방법은 현대수학의 발전에 지대한 영향을 미쳤다 ([6], p. 135).

수학적 개념을 정의하는 방식에는 크게 두 가지가 있다. 하나는 어떤 대상에 공통적인 성질(내포된 특성)로서 개념을 기술하는 내포적 정의(内包的定義 , intensional definition) 방식이다. 예를 들어, "평행사변형은 두 쌍의 대변이 평행한 사각형이다." 또 다른 하나는 어떤 개념을 그 개념에 포괄되는 대상 전체로서 기술하는 외연적 정의(外延的定義, extensional definition) 방식이다. 이를테면, 주어진 함수의 부정적분(indefinite integral)은 "그 함수의 원시함수를 모두 모은 것"으로 정의하는 방법이다. 집합론에 의해서 시작된 외연에 의한 개념 기술 경향은 현대수학의 개념 정의 패턴을 지배하고 있다([6], p. 136). 외연적 정의 방식에 의해서 기술된 몇 가지 예를 살펴보자.

- (관계) 집합 A에서 B로의 관계는 $A \times B$의 부분집합이다.

- (함수) 집합 A에서 B로의 함수 f는

  $$\forall a \in A, \exists_1 b \in B \text{ s.t. } (a, b) \in f$$

  를 만족하는 $f \subset A \times B$이다.

- (자연수) 자연수는 "대등관계(equipotent)에 의한 유한집합의 동치류"로 정의된다. 실제로, 자연수의 집합 $\mathbb{N}$은 다음과 같이 정의된다.

  $$\mathbb{N} := \Omega/\sim := \{[A] : A \text{ 는 유한집합}\}$$

  여기서 Ω를 유한집합 전체의 모임이고, $[A]$는 집합 A의 동치류를 의미한다.

- (정수) 정수는 "$\mathbb{N} \times \mathbb{N}$에서의 어떤 동치관계에 의한 동치류"로 정의된다. 실제로, 정수의 집합 $\mathbb{Z}$은 다음과 같이 정의된다.

  $$\mathbb{Z} := \mathbb{N} \times \mathbb{N}/\sim = \{[(a,b)] : (a,b) \in \mathbb{N} \times \mathbb{N}\}$$

  여기서 $(a,b) \sim (c,d) \iff a+d = b+c$이고, $[(a,b)]$는 (a,b)의 동치류를 의미한다.

- (유리수) 유리수는 "$\mathbb{Z} \times (\mathbb{Z} \setminus \{0\})$에서의 어떤 동치관계에 의한 동치류"로 정의된다. 실제로, 유리수의 집합 $\mathbb{Q}$은 다음과 같이 정의된다.

  $$\mathbb{Q} := \mathbb{Z} \times (\mathbb{Z} \setminus \{0\})/\sim = \{[(a,b)] : (a,b) \in \mathbb{Z} \times (\mathbb{Z} \setminus \{0\})\}.$$

  여기서 $(a,b) \sim (c,d) \iff ad = bc$이고, $[(a,b)]$는 (a,b)의 동치류를 의미한다.

- (실수) 실수는 "유리수의 Cauchy 수열의 집합에서의 어떤 동치관계에 의한 동치류"로 정의된다.

제 7 장

수 체계

학교수학에서 다루는 수는 자연수, 정수, 유리수, 무리수, 실수 및 복소수이다. 일반적으로, 자연수의 집합을 $\mathbb{N}$, 정수의 집합을 $\mathbb{Z}$, 유리수의 집합을 $\mathbb{Q}$, 실수의 집합을 $\mathbb{R}$ 그리고 복소수의 집합을 $\mathbb{C}$로 나타낸다. 여기서 수 집합사이의 포함관계는 $\mathbb{N} \subset \mathbb{Z} \subset \mathbb{Q} \subset \mathbb{R} \subset \mathbb{C}$ 이다. 수집합의 확장은 일반적으로 대수적인 기본적인 성질이 유지(permanence of arithmetic laws)되도록 한다.

이 장에서는 자연수, 정수 및 유리수의 구성, 수의 확장 및 기본적인 대수적 성질을 다룬다. 수를 확장하는 방법은 다음 그림과 같다.

$$\begin{array}{c} \mathbb{N} \\ \downarrow \\ \mathbb{Z} := \mathbb{N} \times \mathbb{N}/\sim \\ \downarrow \\ \mathbb{Q} := \mathbb{Z} \times (\mathbb{Z} \setminus \{0\})/\sim \end{array}$$

유리수의 범위를 넘어서는 수의 구성문제는 이 책의 성격상 생략하기로 한다. 실제로, 실수는 주로 '유리수 집합의 절단'을 이용하는 Dedekind의 이론 또는 '유리수의 Cauchy 수열'을 이용하는 방법으로 구성된다.

1 자연수

자연수는 직관주의적 관점에 따르면 문자 그대로 자연이 인간에게 부여한 수학의 출발점이라고 할 수 있다. 그러나 Cantor의 집합론의 대두와 더불어 자연수는 **기수**(基數; cardinal number)와 **순서수**(順序數; ordinal number)라는 보다 일반적인 개념의 특수한 경우인

- 유한집합의 크기를 나타내는 (유한)기수[1]로서의 성격과
- 유한순서집합의 (유한)순서수로서의 성격

의 양면성을 지니고 있다.

1.1 기수적 자연수

기수로서의 자연수 개념은 Cantor의 집합론에 근거를 두고 있다. 두 집합이 '대등(equipotent; $\sim$)하다'라고 함은 그 원소가 일대일 대응될 때를 의미하고, 또한 대등한 두 집합은 같은 기수를 가진다고 부른다. 집합간의 대등관계는 자연스럽게 동치관계가 된다.

이제, 자연수 집합을 외연적인 방법으로 정의하여 보자. 집합 Ω를 유한집합 전체의 모임이라고 두자 즉,

$$\Omega := \{F : F \text{ 는 유한집합 }\}$$

자연수의 집합은 대등관계에 의한 동치류 전체의 집합으로 정의된다. 즉,

$$\Omega/\sim := \{[A] : A \text{ 는 유한집합}\}$$

여기서 $[A]$는 집합 A의 동치류를 의미한다. 즉, $[A] = \{B : A \sim B\}$.

이를 좀더 구체적으로 살펴보자. 즉, 유한집합들의 대등관계에 의한 동치류에 속하는 대표원소에 해당하는 유한집합을 구체적으로 구성하여 보자.

[1] **집합수**라고 부르기도한다.

먼저, 공집합의 기호 $\emptyset$를 이용하여 다음과 같은 집합을 만들어 간다.

$A_1 = \{\emptyset\}$	1원소 집합: 기수 1
$A_2 = \{\emptyset, \{\emptyset\}\} = A_1 \cup \{A_1\}$	2원소 집합: 기수 2
$A_3 = \{\emptyset, \{\emptyset\}, \{\emptyset, \{\emptyset\}\}\} = A_2 \cup \{A_2\}$	3원소 집합: 기수 3
$\vdots$	
$A_n = A_{n-1} \cup \{A_{n-1}\}$	n 원소 집합: 기수 n
$\vdots$	

이 과정을 살펴보면 유한집합 A가 만들어져 있다고 하면 A의 바로 다음 집합 즉, A의 **직후자**(successor) A^+는 다음과 같이 정해진다.

$$A^+ := A \cup \{A\}.$$

여기에서 물론 $\{A\}$는 A를 원소로 가지는 집합이고 또한 $A \neq \{A\}$이다. 이 때 이들 전체

$$\{A_1, A_2, A_3, \ldots\}$$

를 한 집합으로 볼 때, 이 집합은 무한집합이 되며, 임의의 유한집합은 위에서 만든 $A_1, A_2, A_3, \ldots$ 중의 어느 하나와 대등하게 된다.

이제 위에서 만든 집합 $A_1, A_2, A_3, \ldots$의 기수 전체의 집합을 $\mathbb{N}$으로 나타내며, 이 $\mathbb{N}$의 원소를 **자연수**(自然數; natural number)라고 한다. 즉, 자연수는 공집합이 아닌 유한집합의 기수(집합수)라고 볼 수 있다.

정 의 유한집합 A, B의 기수를 각각 $|A| = a$, $|B| = b$라 하자. 이때, 유한기수 a, b에 대한 **연산**과 **순서**를 다음과 같이 정의한다:

- 덧셈: $a + b = |A \cup B|$, $A \cap B = \emptyset$.
- 곱셈: $ab = |A \times B|$
- 대소관계: $f(A) \subsetneq B$인 일대일 함수 $f : A \to B$가 존재할 때, $a < b$ 라 한다.

예제 7.1 (1) $4+3=|A|+|B|=|A\cup B|=7$, 여기서 A는 4원소 집합, B는 3원소 집합이고 $A\cap B=\emptyset$이다.

(2) $2\times 3=|A|\times|B|=|A\times B|$, 여기서 A는 2원소 집합이고 B는 3원소 집합이다. 예를 들어, "영주는 곰 인형과 인형 옷을 가지고 있습니다. 인형에게 윗옷과 바지를 입힐 수 있는 방법은 모두 몇 가지입니까?"

(3) $2<3$: $A=\{\circ,\bullet\}$, $B=\{\odot,\blacksquare,\bigstar\}$, 함수 $f:A\to B$, $f(\circ)=\odot, f(\bullet)=\blacksquare$, 는 일대일이고

$$f(A)=\{\odot,\blacksquare\}\subsetneq\{\odot,\blacksquare,\bigstar\}=B$$

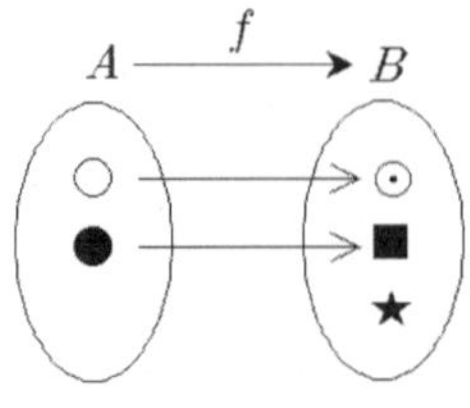

주의 (a) 집합수적인 관점에서 자연수의 덧셈의 의미는 합병으로 생각할 수 있으며, 여기서 합병라는 것은 수를 집합의 크기로 파악시킨 다음, 덧셈을 합집합의 크기에 해당하는 수를 찾는다는 것이다.

(a) 유한집합 A에 대하여 그 기수를 $|A| = n$ 이라 할 때, A의 직후자 $A^+ = A \cup \{A\}$의 기수는 덧셈의 정의에 의하여

$$|A^+| = |A \cup \{A\}| = n + 1$$

로 된다. 이 기수를 n의 **직후자**(successor)라 하고, n^+로 나타낸다. 즉,

$$n^+ = n + 1$$

이다.

정 의 두 기수 a와 b에 대하여, $a = |A|$와 $b = |B|$를 만족할 때, 기수 a^b는 다음과 같이 정의된다.

$$a^b = |A^B|$$

여기서, $A^B = \{f \mid f : B \to A : \text{함수}\}$이며, 또한 편리를 위하여, $0^b = 0$와 $a^0 = 1$로 약속한다.

예제 7.2 $2^3 = 8 = |\{f \mid f : B \to A\}|$, 여기서

$$A = \{\circ, \bullet\}, B = \{\odot, \blacksquare, \bigstar\}.$$

위의 정의에 의하여 다음을 알 수 있다.

정리 7.1 유한기수 a, b, c에 대하여 다음이 성립한다.

(1) $(a + b) + c = a + (b + c)$, $(ab)c = a(bc)$

(2) $a(b + c) = ab + ac$, $(a + b)c = ac + bc$

(3) $a + b = b + a$, $ab = ba$

(4) $a^{b+c} = a^b a^c$, $(ab)^c = a^c b^c$, $(a^b)^c = a^{bc}$, $a \cdot 1 = a$, $a^1 = a$

(5) 다음 중 하나만 성립한다.

$$a < b, \ a = b, \ b < a$$

[증명] 각 연산의 정의에 의해서 쉽게 증명할 수 있다. □

1.2 순서적 자연수

이 절에서는 페아노(Giuseppe Peano; 1858 ~ 1932)의 공리계를 통하여 자연수를 정의하고, 자연수 전체의 집합 $\mathbb{N}$에 덧셈과 곱셈을 순서론적 관점에서 정의하여 그 기본 성질을 알아본다.

정 의 (페아노 공리계) 다음 조건을 만족하는 집합 $\mathbb{N}$이 존재한다.

(P1) 임의의 수 $n \in \mathbb{N}$에 대하여, 자신의 직후자(successor) n^+가 오직 하나 존재한다.

(P2) 어떠한 수의 직후자가 아닌 수 1이 존재한다.

(P3) 서로 다른 수는 서로 다른 직후자를 가진다. 즉,

$$n \neq m \Longrightarrow n^+ \neq m^+$$

(P4) **(귀납법 공리)** $\mathbb{N}$의 부분집합 $S(\neq \emptyset)$가 두 조건

(i) $1 \in S$

(ii) $n \in S \Longrightarrow n^+ \in S$

을 만족시키면, $S = \mathbb{N}$이다.

이 페아노의 공리를 출발점으로 하여 전개된 자연수론이 순서수적 자연수론이며, 여기서 사용하고 있는 '1', '자연수', '직후자'는 무정의 용어이다. 앞의 기수적 자연수론에서 $n \in \mathbb{N}$에 대하여 $n^+ = n + 1$로 정의하면 n^+는 n의 직후자가 되고 $\mathbb{N}$은 위의 공리 (P1) ~ (P4)를 만족함이

증명된다. 실제로,

$$1^+ = 2,\ 2^+ = 3,\ 3^+ = 4,\ 4^+ = 5, \cdots$$

이라고 하면 $\mathbb{N} = \{1, 2, 3, 4, 5, \dots\}$이다.

주의 (1) 0이 자연수에 속할 수 없음을 보이고 있는 공리는 (P2)이다.

(2) 무한수(ω)가 자연수에 속할 수 없음을 보이고 있는 공리는 (P4)이다.

(3) (P1)과 (P3)는 결국 일대일인 직후자 함수 $x \mapsto x^+$의 존재성을 이야기하고 있다.

정 의 집합 $\mathbb{N}$상에서의 덧셈「+」를 아래와 같이 귀납법으로 정의한다. 임의의 $x, y \in \mathbb{N}$에 대하여

(i) $x + 1 = x^+$ (ii) $x + y^+ = (x + y)^+$

예제 7.3 다음은 순서수적 관점에서의 자연수 덧셈의 예이다.

$$\begin{aligned} 2 + 3 &= 2 + 2^+ = (2 + 2)^+ = (2 + 2) + 1 \\ &= (2 + 1^+) + 1 = (2 + 1)^+ + 1 \\ &= 2 + 1 + 1 + 1 \end{aligned}$$

주의 순서수적 관점에서의 자연수의 덧셈은 예제 7.3에서처럼 첨가의 의미를 가지고 있다. 다음 그림은 $5 + 2 = 5 + 1 + 1 = 7$을 의미한다.

정리 7.2 (결합법칙) 임의의 $x, y, z \in \mathbb{N}$에 대해서,

$$(x + y) + z = x + (y + z)$$

[증명] 임의의 $x, y \in \mathbb{N}$에 대하여,

$$S = \{z \in \mathbb{N} : (x + y) + z = x + (y + z)\}$$

라고 두자. 그러면,

(i) $1 \in S$:

$$\begin{aligned}(x+y)+1 &= (x+y)^{+}\\ &= x+y^{+}\\ &= x+(y+1)\end{aligned}$$

(ii) $w \in S \Longrightarrow w^{+} \in S$:

$$\begin{aligned}(x+y)+w^{+} &= \{(x+y)+w\}^{+}\\ &= \{x+(y+w)\}^{+}\\ &= x+(y+w)^{+}\\ &= x+(y+w^{+})\end{aligned}$$

따라서, 귀납법 공리 (P4)에 의하여 $S = \mathbb{N}$이다. □

보조정리 7.3 임의의 $x \in \mathbb{N}$에 대해서, 다음이 성립한다.

$$x+1 = 1+x$$

[증명] 집합 S를 다음과 같이 두자:

$$S = \{x \in \mathbb{N} : x+1 = 1+x\}.$$

(i) $1 \in S : 1+1 = 1+1.$
(ii) $x \in S \Longrightarrow x^+ \in S :$

$$\begin{aligned} x^+ + 1 &= (x+1)+1 \\ &= (1+x)+1 \\ &= 1+(x+1) && \text{정리 7.2} \\ &= 1+x^+ \end{aligned}$$

따라서, 귀납법 공리 (P4)에 의하여 $S = \mathbb{N}$이다. □

정리 7.4 (교환법칙) 임의의 $x, y \in \mathbb{N}$에 대해서, 다음이 성립한다.

$$x + y = y + x$$

[증명] 임의의 $x \in \mathbb{N}$에 대하여,

$$S = \{y \in \mathbb{N} : x + y = y + x\}$$

라고 두자. 그러면,
(i) $1 \in S$: 보조정리 7.3에 의하여 성립된다.
(ii) $y \in S \Longrightarrow y^+ \in S :$

$$\begin{aligned} x + y^+ &= (x+y)^+ = (y+x)^+ \\ &= y + x^+ = y + (x+1) \\ &= y + (1+x) = (y+1) + x && \text{보조정리 7.3와 정리 7.2} \\ &= y^+ + x \end{aligned}$$

따라서, 귀납법 공리 (P4)에 의하여 $S = \mathbb{N}$이다. □

정리 7.5 (소거법칙) 임의의 $x, y, z \in \mathbb{N}$에 대해서, 만일 $x + z = y + z$이면 $x = y$이다.

[증명] 임의의 $x, y \in \mathbb{N}$에 대하여,

$$S = \{z \in \mathbb{N} : x + z = y + z \Longrightarrow x = y\}$$

라고 두자. 그러면,
(i) $1 \in S$:

$$x+1=y+1 \Longrightarrow x^+=y^+ \Longrightarrow x=y \qquad \text{(P3)}$$

(ii) $z \in S \Longrightarrow z^+ \in S$:

$$\begin{aligned} x+z^+=y+z^+ &\Longrightarrow (x+z)^+=(y+z)^+ \\ &\Longrightarrow x+z=y+z \qquad \text{(P3)} \\ &= x=y \end{aligned}$$

따라서, 귀납법 공리 (P4)에 의하여 $S=\mathbb{N}$이다. □

정리 7.6 임의의 $x, y \in \mathbb{N}$에 대하여 $x \neq x+y$ 이다.

[증명] 임의의 $y \in \mathbb{N}$에 대하여,

$$S=\{x \in \mathbb{N} : x \neq x+y\}$$

라고 두자. 그러면,
(i) $1 \in S : 1 \neq y^+=y+1=1+y$
(ii) $x \in S \Longrightarrow x^+ \in S$:

$$\begin{aligned} x^+ + y = y + x^+ &= (y+x)^+ \\ &= (x+y)^+ \neq x^+ \qquad \text{(P3)} \end{aligned}$$

따라서, 귀납법 공리 (P4)에 의하여 $S=\mathbb{N}$이다. □

정리 7.7 임의의 $x, y \in \mathbb{N}$에 대하여, 다음 중 하나, 단 하나만이 성립한다.

(a) $x=y$

(b) $\exists z \in \mathbb{N},\ x=y+z$

(c) $\exists w \in \mathbb{N},\ y=x+w$

[증명] 임의의 $y \in \mathbb{N}$에 대하여, 집합 S를 세 경우 중에서 어느 하나가 성립하는 x들의 모임이라고 두자. 즉,

$$S = \{x \in \mathbb{N} \,|\, \text{(a) 또는 (b) 또는 (c)를 만족}\}$$

(i) $1 \in S$: 연습문제 6.1의 4번에 의해서, $y = 1$ 또는 적당한 $w \in \mathbb{N}$에 대하여 $y = w^+$이다. 따라서 $y = 1$ 또는 $y = w^+ = w + 1 = 1 + w$를 얻는다.

(ii) $x \in S \Longrightarrow x^+ \in S$:

(1) $x = y : x^+ = y^+ = y + 1$, (b)를 만족한다.

(2) $\exists\, z \in \mathbb{N},\ x = y + z : x^+ = (y + z)^+ = y + z^+$, (b)를 만족한다.

(3) $\exists\, w \in \mathbb{N},\ y = x + w : w = 1$인 경우에는 $y = x + 1 = x^+$, (a)를 만족한다. $w \neq 1$인 경우에는 연습문제 6.1의 4번에 의해서, $w = u^+$인 $u \in \mathbb{N}$가 존재한다. 따라서

$$y = x + w = x + u^+ = x + (u + 1) = (x + 1) + u = x^+ + u$$

이고, (c)를 만족한다.

따라서, 귀납법 공리 (P4)에 의하여 $S = \mathbb{N}$이다.

이제, 세 경우 중 어느 둘도 동시에 성립하지 않음을 밝힌다: 먼저, (a)와 (b)가 동시에 성립하는 경우에는 $x = x + z$가 되고, 따라서 정리 7.6에 모순이다. 같은 이유로 (a)와 (c)도 동시에 성립할 수 없다. 끝으로 (b)와 (c)가 동시에 성립하는 경우도

$$x = y + z = (x + w) + z = x + (w + z)$$

가 되어 또한 정리 7.6에 모순이다. □

정 의 집합 $\mathbb{N}$상에서의 곱셈 「$\cdot$」을 아래와 같이 귀납적으로 정의한다. 임의의 $x, y \in \mathbb{N}$에 대하여

$$\text{(i) } x \cdot 1 = x \qquad\qquad \text{(ii) } x \cdot y^+ = (x \cdot y) + x$$

예제 7.4 다음은 순서수적 관점에서의 자연수 곱셈의 예이다.

$$\begin{aligned} 2 \times 3 = 2 \times 2^+ &= 2 \times 2 + 2 \\ &= 2 \times 1^+ + 2 \\ &= 2 \times 1 + 2 + 2 \\ &= 2 + 2 + 2 \end{aligned}$$

주의 예제 7.4에서와 같이 자연수의 곱셈은 동수누가의 의미를 갖고 있다.

보조정리 7.8 임의의 $x \in \mathbb{N}$에 대해서, 다음이 성립한다.

$$1 \cdot x = x$$

[증명] 집합 S를 다음과 같이 두자.

$$S = \{x \in \mathbb{N} : 1 \cdot x = x\}.$$

(i) $1 \in S : 1 \cdot 1 = 1.$
(ii) $x \in S \Longrightarrow x^+ \in S :$

$$1 \cdot x^+ = (1 \cdot x) + 1 = x + 1 = x^+.$$

따라서, 귀납법 공리 (P4)에 의하여 $S = \mathbb{N}$이다. □

정리 7.9 (분배법칙) 임의의 x, y, z에 대해서, 다음이 성립한다.

(1) $x \cdot (y + z) = x \cdot y + x \cdot z$

(2) $(x + y) \cdot z = x \cdot z + y \cdot z$

[증명] (1) 임의의 $x, y \in \mathbb{N}$에 대하여,

$$S = \{z \in \mathbb{N} : x \cdot (y + z) = x \cdot y + x \cdot z\}$$

라고 두자.

(i) $1 \in S$:

$$x \cdot (y + 1) = x \cdot y^+ = x \cdot y + x = x \cdot y + x \cdot 1$$

(ii) $z \in S \Longrightarrow z^+ \in S$:

$$\begin{aligned} x \cdot (y + z^+) &= x \cdot (y + z)^+ = x \cdot (y + z) + x \\ &= (x \cdot y + x \cdot z) + x \\ &= x \cdot y + (x \cdot z + x) && \text{정리 7.2} \\ &= x \cdot y + x \cdot z^+ \end{aligned}$$

따라서, 귀납법 공리 (P4)에 의하여 $S = \mathbb{N}$이다.

(2) 독자를 위해서 연습문제로 남겨둔다. □

정리 7.10 (결합법칙) 임의의 x, y, z에 대해서, 다음이 성립한다.

$$(x \cdot y) \cdot z = x \cdot (y \cdot z)$$

[증명] 임의의 $x, y \in \mathbb{N}$에 대하여,

$$S = \{z \in \mathbb{N} : (x \cdot y) \cdot z = x \cdot (y \cdot z)\}$$

라고 두자.

(i) $1 \in S$:

$$(x \cdot y) \cdot 1 = x \cdot y = x \cdot (y \cdot 1)$$

(ii) $z \in S \Longrightarrow z^+ \in S$:

$$\begin{aligned} (x \cdot y) \cdot z^+ &= (x \cdot y) \cdot z + x \cdot y = x \cdot (y \cdot z) + x \cdot y \\ &= x \cdot \{(y \cdot z) + y\} && \text{정리 7.9} \\ &= x \cdot (y \cdot z^+) \end{aligned}$$

따라서, 귀납법 공리 (P4)에 의하여 $S = \mathbb{N}$이다. □

정리 7.11 (교환법칙) 임의의 $x, y \in \mathbb{N}$에 대해서, 다음이 성립한다.

$$x \cdot y = y \cdot x$$

[증명] 임의의 $x \in \mathbb{N}$에 대하여,

$$S = \{y \in \mathbb{N} : x \cdot y = y \cdot x\}$$

라고 두자. 그러면,
(i) $1 \in S$: 곱셈의 정의와 보조정리 7.8에 의하여

$$x \cdot 1 = x = 1 \cdot x$$

(ii) $y \in S \Longrightarrow y^+ \in S$:

$$\begin{aligned} x \cdot y^+ &= x \cdot y + x = y \cdot x + x \\ &= y \cdot x + 1 \cdot x && \text{보조정리 7.8} \\ &= (y+1) \cdot x && \text{정리 7.9} \\ &= y^+ \cdot x \end{aligned}$$

따라서, 귀납법 공리 (P4)에 의하여 $S = \mathbb{N}$이다. □

정리 7.12 (소거법칙) 임의의 $x, y, u \in \mathbb{N}$에 대해서, 만일 $x \cdot u = y \cdot u$ 이면 $x = y$이다.

[증명] 결론을 부정하여 모순을 찾는다. 즉, $x \neq y$라고 가정하자. 그러면, 정리 7.7에 의하여, $x = y + z$인 $z \in \mathbb{N}$가 존재하거나 또는 $y = x + w$인 $w \in \mathbb{N}$ 가 존재한다. 첫째의 경우

$$x \cdot u = (y + z) \cdot u = (y \cdot u) + (z \cdot u)$$

이고, 따라서 정리 7.7에 의하여 $x \cdot u \neq y \cdot u$를 얻고 이는 모순이다. 같은 방법으로 둘째의 경우에도 모순을 얻는다. □

정 의 (순서관계) 집합 $\mathbb{N}$에서의 순서관계 $\leq$는 다음과 같이 정의된다. 임의의 $x, y \in \mathbb{N}$에 대하여

$$x < y \iff \exists p \in \mathbb{N},\ y = x + p$$

또한

$$x \leq y \iff x = y \text{ 또는 } x < y$$

정리 7.13 임의의 $x, y \in \mathbb{N}$에 대하여, 다음 중에서 하나 그리고 단 하나만 성립한다.

$$x < y, \quad x = y, \quad y < x$$

[증명] 정리 7.7과 순서관계의 정의에 의해서 결과가 성립한다. □

■ 연습문제 7.1

1. 정리 7.1를 증명하여라.
2. 두 기수 a와 b에 대하여, $a = |A|$와 $b = |B|$를 만족할 때, 다음을 증명하여라.
$$a + b = |A \cup B| + |A \cap B|$$
3. 임의의 두 기수 a와 b에 대하여, 다음을 증명하여라.
$$a \leq b \iff \exists c,\ b = a + c$$
4. 임의의 $x \in \mathbb{N}$에 대하여, 다음 중 하나만 성립함을 보여라.
(i) $x = 1$ (ii) $\exists y \in \mathbb{N},\ x = y^+$
5. 정리 7.9의 (2)을 증명하여라.
6. 임의의 $x, y, z \in \mathbb{N}$에 대하여, 다음이 성립함을 밝혀라.
(a) $x < y,\ y < z \implies x < z$
(b) $x < y \implies x + z < y + z,\ xz < yz$

(c) $1 \le x$

(d) $x^+ \le y \implies x < y$

(e) $y < x^+ \implies y \le x$

(f) $x < x^+$

2 정 수

자연수 전체의 집합 $\mathbb{N}$에 속하는 두 원소 n, m에 대해서 덧셈과 곱셈을 적용시키면, 그의 합 $n + m$과 곱 nm은 모두 $\mathbb{N}$의 원소가 된다. 즉, 덧셈과 곱셈에 관해서 닫혔있다. 이와는 달리, 뺄셈 $n - m$과 나눗셈 $n \div m$은 항상 $\mathbb{N}$의 원소로 되지는 않는다. 다시 말해서, $\mathbb{N}$은 뺄셈과 나눗셈에 관해서 닫혀 있지 않다.

어떤 집합이 그 집합의 원소들에 대해서 정의된 연산에 관해서 닫혀 있지 않으면, 그 집합에서는 원소들 끼리의 연산이 자유롭게 되지 않는다. 따라서 연산이 자유롭게 이루어질 수 있도록 하기 위해서는 수의 집합을 확장할 필요가 생긴다.

자연수의 집합 $\mathbb{N}$에서는 뺄셈과 나눗셈이 자유롭지 않았다. 이제 $\mathbb{N}$을 확장하여 뺄셈과 나눗셈에 관해서 닫히도록 해보자.

뺄셈에 관해서 닫히도록 하기 위해서는 $1-2,\ 2-3, \ldots$등이 계산되도록 하여야 하나, 현재로는 이들이 정의되어 있지 않다. 그래서 자연수를 바탕으로 하여 정수를 정의하기 위해서는 $(1, 2),\ (2, 3), \ldots$ 등과 같은 두 자연수의 순서쌍의 동치류로 나타낼 수 있는 방법을 생각하게 된다.

2.1 동치관계

정 의 집합 $\mathbb{N} \times \mathbb{N}$에서의 관계를 다음과 같이 정의한다. 임의의 두 순서쌍 $(a, b), (c, d) \in \mathbb{N} \times \mathbb{N}$에 대하여,

$$(a, b) \sim (c, d) \iff a + d = b + c$$

예제 7.5 $(1,2) \sim (5,6), (4,2) \sim (7,5)$ 반면, $(2,5) \nsim (3,4)$

정리 7.14 위의 정의에 있는 이항관계 $\sim$은 집합 $\mathbb{N} \times \mathbb{N}$에서의 동치관계이다.

[증명] 주어진 이항관계 $\sim$의 정의에 의하여 반사적, 대칭적 및 추이적인 관계임을 알 수 있다. □

정 의 정리 7.14에 의하여 집합 $\mathbb{N} \times \mathbb{N}$은 동치류들로 분할된다. 각 원소 $(a,b) \in \mathbb{N} \times \mathbb{N}$의 동치류를 $[(a,b)]$로 나타내면, 상집합은

$$\mathbb{Z} := \mathbb{N} \times \mathbb{N}/\sim = \{[(a,b)] : (a,b) \in \mathbb{N} \times \mathbb{N}\}$$

상집합의 원소인 각 동치류 $[(a,b)]$를 **정수**(整數; integer)라고 한다. 그림 7.1 참조.

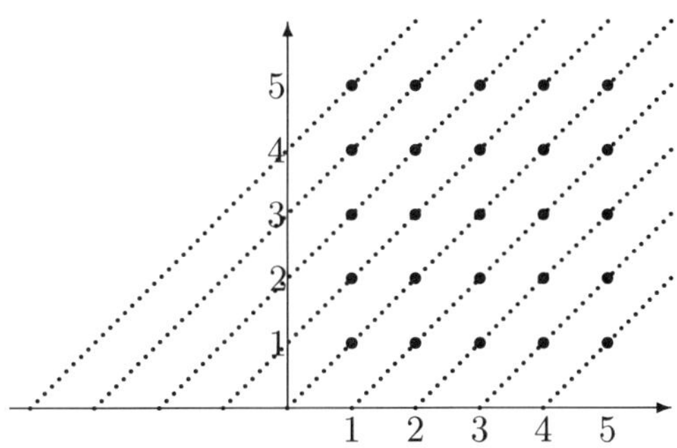

그림 7.1: 정수의 구성

예제 7.6 다음을 알 수 있다.

(a) $[(1,1)] = \{(x,y) \in \mathbb{N} \times \mathbb{N} \mid y = x\}$

(b) $[(1,2)] = \{(x,y) \in \mathbb{N} \times \mathbb{N} \mid y = x + 1\}$

(c) $[(2,1)] = \{(x,y) \in \mathbb{N} \times \mathbb{N} \mid x = y + 1\}$

2.2 정수의 연산

앞에서 구성한 정수의 집합 $\mathbb{Z}$에 이항연산과 순서관계를 정의하자. 다음에 있는 정리 7.15는 상집합

$$\mathbb{Z} = \mathbb{N} \times \mathbb{N}/\sim$$

에 잘 정의된 이항연산을 도입하기 위하여 필수적인 것이다.

정리 7.15 임의의 $(a,b),(a',b'),(c,d),(c',d') \in \mathbb{N} \times \mathbb{N}$에 대하여, 만일

$$(a,b) \sim (a',b') \text{ 이고 } (c,d) \sim (c',d')$$

이면

(1) $(a+c, b+d) \sim (a'+c', b'+d')$

(2) $(ac+bd, ad+bc) \sim (a'c'+b'd', a'd'+b'c')$

[증명] 먼저, 가정에 의해서 다음 사실을 얻는다.

$$a + b' = b + a', \ c + d' = d + c' \tag{7.1}$$

(1) 식 (7.1)에 의해서

$$\begin{aligned} a + c + b' + d' &= (a + b') + (c + d') \\ &= b + a' + d + c' = (b + d) + (a' + c') \end{aligned}$$

따라서 $(a+c, b+d) \sim (a'+c', b'+d')$이다.

(2) 먼저, 식 (7.1)에 의해서, 다음을 알 수 있다.

$$\begin{aligned}(ac+bd+a'd'+b'c')+ad' &= a(c+d')+bd+a'd'+b'c'\\ &= a(d+c')+bd+a'd'+b'c'\\ &= ad+ac'+bd+a'd'+b'c'\\ &= ad+(a+b')c'+bd+a'd'\\ &= ad+(b+a')c'+bd+a'd'\\ &= ad+bc'+a'c'+bd+a'd'\\ &= ad+b(c'+d)+a'c'+a'd'\\ &= ad+b(d'+c)+a'c'+a'd'\\ &= ad+bd'+bc+a'c'+a'd'\\ &= ad+(b+a')d'+bc+a'c'\\ &= ad+(a+b')d'+bc+a'c'\\ &= ad+ad'+b'd'+bc+a'c'\\ &= (ad+bc+a'c'+b'd')+ad'\end{aligned}$$

따라서 정리 7.5에 의해서, 다음을 얻는다.

$$ac+bd+a'd'+b'c' = ad+bc+a'c'+b'd'$$

따라서 $(ac+bd, ad+bc) \sim (a'c'+b'd', a'd'+b'c')$이다. □

이제, 정리 7.15에 의해서, 정수의 집합에 잘 정의된 이항연산과 대소관계를 도입할 수 있다.

정의 임의의 $[(a,b)], [(c,d)] \in \mathbb{Z}$에 대하여, 덧셈, 곱셈 및 순서는 다음과 같이 정의한다.

- 덧셈: $[(a,b)]+[(c,d)] = [(a+c, b+d)]$
- 곱셈: $[(a,b)]\cdot[(c,d)] = [(ac+bd, ad+bc)]$
- 대소관계: $[(a,b)] \le [(c,d)] \iff a+d \le b+c$

주의 앞에서 알아본 정수의 집합 $\mathbb{Z}$에서의 대수적인 구성에서 다음을 알 수 있다.

(1) (**항등원**) 다음의 원소

$$[(a,a)] = \{(b,b) : b \in \mathbb{N}\}$$

는 덧셈에 관한 항등원(identity element)이다. 즉, 임의의 $[(x,y)] \in \mathbb{Z}$에 대해서

$$[(a,a)] + [(x,y)] = [(x,y)] = [(x,y)] + [(a,a)]$$

또한 곱셈에 관하여 영원(zero element)이다. 실제로, 임의의 $[(x,y)] \in \mathbb{Z}$에 대하여

$$[(a,a)] \cdot [(x,y)] = [(a,a)] = [(x,y)] \cdot [(a,a)]$$

(2) (**역원**) 각 $[(x,y)] \in \mathbb{Z}$에 대해서, 다음의 조건

$$[(x,y)] + [(x',y')] = [(a,a)] = [(x',y')] + [(x,y)]$$

을 만족하는 원소 $[(x',y')] \in \mathbb{Z}$가 (유일하게) 존재한다. 실제로,

$$[(x',y')] = [(y,x)]$$

이다. $[(y,x)]$를 주어진 $[(x,y)]$의 역원(inverse element)이라 하고,

$$[(y,x)] = -[(x,y)]$$

로 나타낸다.

이제, 주의 (2)의 역원을 이용하여 정수의 집합 $\mathbb{Z}$에서의 뺄셈을 정의하자.

정 의 정수의 집합 $\mathbb{Z}$에서의 뺄셈은 다음과 같이 정의한다.

$$\begin{aligned}[(a,b)] - [(c,d)] &:= [(a,b)] + (-[(c,d)]) \\ &= [(a,b)] + [(d,c)] = [(a+d, b+c)]\end{aligned}$$

예제 7.7 $[(1,2)] - [(3,5)] = [(6,5)]$

2.3 자연수의 확장으로서의 정수

정수의 집합 $\mathbb{Z}$가 자연수의 집합 $\mathbb{N}$을 확장한 것으로 되기 위해서는 (순서관계를 포함하는)대수적인 구조를 보존해주는 $\mathbb{N}$에서 $\mathbb{Z}$로의 일대일 함수가 존재함을 보여주면 된다.

이를 위해서, 자연수의 집합 $\mathbb{N}$에서 정수의 집합 $\mathbb{Z}$로의 함수를 다음과 같이 정의하자.

$$f : \mathbb{N} \to \mathbb{Z} = \mathbb{N} \times \mathbb{N} / \sim, \ n \mapsto f(n) = [(n+1, 1)]$$

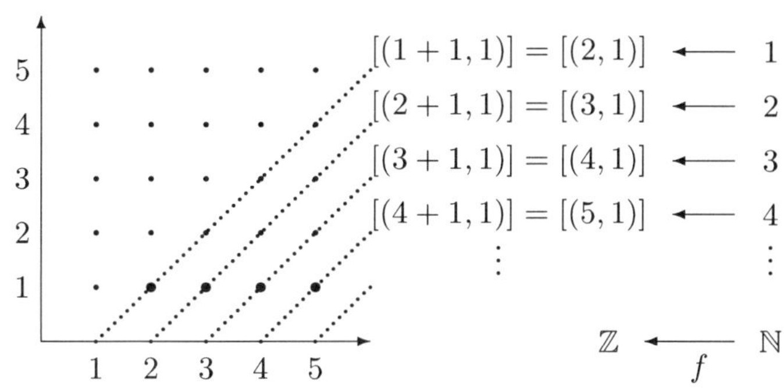

그림 7.2: 자연수의 확장으로서의 정수

그러면 f는 일대일 함수가 됨을 쉽게 알 수 있다. 따라서 우리는 자연수의 집합 $\mathbb{N}$과 상집합(image)

$$f(\mathbb{N}) = \{[(n+1, 1)] : n \in \mathbb{N}\} \subset \mathbb{Z}$$

은 일대일 대응이 된다. 또한 자연수의 덧셈, 곱셈 및 순서관계도 f에 의해서 잘 보존됨을 쉽게 알 수 있다. 즉,

- $n + m \Longleftrightarrow [(n+1, 1)] + [(m+1, 1)]$
- $n \cdot m \Longleftrightarrow [(n+1, 1)] \cdot [(m+1, 1)]$
- $n \leq m \Longleftrightarrow [(n+1, 1)] \leq [(m+1, 1)]$

앞에서 살펴본 사실로부터 자연수 n과 그 상 $[(n+1,1)]$을 동일 시 할 수 있다. 따라서 정수의 집합 $\mathbb{Z}$가 자연수 집합 $\mathbb{N}$의 대수적으로 자연스러운 확장임을 알 수 있다.

주의 6장의 2.2 절에 있는 주의와 자연수의 확장개념으로서 정수의 관점을 사용하여 표현하면

(i) $[(n,n)]=0$

(ii) $[(n+1,1)]=n$

(iii) $[(1,n+1)]=-n$

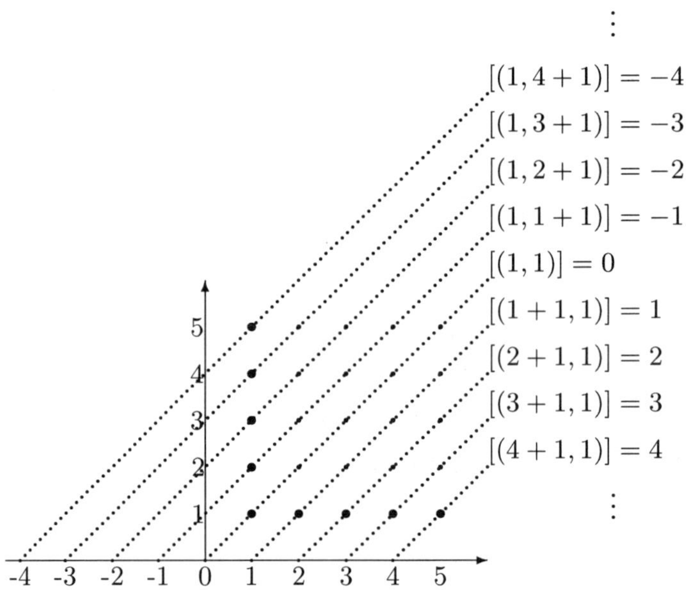

그림 7.3: 양의 정수, 영 및 음의 정수

2.4 정수의 성질

우리가 자주 사용하게 되는 정수의 중요한 성질 중의 하나는 소위 '정렬원리(Well Ordering Principle)'이다. 이 원리는 일반적인 산술의 성질로 부터 증명될 수 없기 때문에, 이 원리를 공리로 받아드릴 것이다.

정렬원리 (Well Ordering Principle)
양의 정수 전체의 집합의 공집합이 아닌 임의의 부분집합은 최소원을 가진다.

정렬원리의 '첫번째' 응용으로써, 우리가 흔히 사용하는 정수의 기본 성질을 알아보자. 실제로, 이 정리의 증명에 정렬원리가 핵심적인 역할을 한다.

정리 7.16 (나눗셈 알고리즘; Division Algorithm) 두 정수 $a, b(\neq 0)$에 대하여

$$a = bq + r, \qquad 0 \leq r < |b|$$

인 두 정수 q, r가 존재하고 이와 같은 정수 q, r는 각각 하나뿐이다. 여기서, 두 정수 q, r를 각각 a를 b로 나누었을 때의 **몫**(quotient), **나머지**(remainder)라고 한다.

[증명] $T = \{a - |b|k : k \in \mathbb{Z}\}$라고 두고, $S = \{t \in T : t \geq 0\}$라고 하자. 그러면

$$a - |b|(-|a|) = a + |b||a| \geq a + |a| \geq 0$$

이므로, $a - |b|(-|a|) \in S$이고, 따라서 $S \neq \emptyset$이다.

먼저 $0 \in S$이면 0은 S의 최소원이다. 한편, $0 \notin S$이면, $S \subseteq \mathbb{N}$이므로, 정수의 정렬성에 의하여, S는 최소원 가진다. 그러므로 어느 경우에나 S는 최소원 r을 가진다. 즉,

$$a - h|b| = r, \quad r \geq 0$$

인 정수 h가 존재한다.

한편, $r \geq |b|$라고 가정하고, $c = r - |b|$라고 하면, $r > c \geq 0$이고,

$$c = r - |b| = a - h|b| - |b| = a - (h+1)|b| \in S$$

이다. 이는 r의 최소성에 모순이 된다. 따라서 $0 \leq r < |b|$이다.

이제, $b > 0$인 경우에 $q = h$, $b < 0$인 경우에 $q = -h$라고 놓으면, 다음의 식을 얻을 수 있다.

$$a = bq + r, \qquad 0 \le r < |b| \tag{7.2}$$

식 (7.2)의 두 정수 q, r의 유일성을 증명하기 위하여

$$a = bq + r = bq' + r', \quad 0 \le r < |b|, \quad 0 \le r' < |b|$$

라고 가정하면,

$$b(q - q') = r' - r, \quad -|b| < r' - r < |b|$$

이므로

$$-|b| < b(q - q') < |b| \Longleftrightarrow -1 < q - q' < 1$$

를 얻는다. 따라서 $q - q' = 0$이고, 이로부터 $q = q'$, $r = r'$를 얻는다. □

주의 나눗셈 알고리즘은 몫과 나머지를 계산하는 절차를 제공해 주지는 못하므로 진정한 의미의 알고리즘은 아니다. 이러한 이유로 책에 따라서는 **나눗셈 정리**라고 부르기도 한다

예제 7.8 (1) ([7]) 미국의 Florida 주에서는 운전면증 숫자의 끝에서 4번째와 5번째 숫자는 그 사람이 태어난 년도를 나타낸다. 태어난 달이 m이고 태어난 일이 b인 남자에 대해서 마지막 3개의 숫자는 $40(m-1)+b$로 나타낸다. 여자인 경우는 $40(m-1)+b+500$으로 나타낸다. 숫자 42218과 53953에 대응대는 성과 태어난 년월일을 결정하라.

(2) 6을 7로 나눈 몫과 나머지를 구하여라. 또한 -1을 7로 나눈 몫과 나머지를 구하여라.

정 의 두 개의 0이 아닌 정수 a와 b의 **최대공약수**(greatest common divisor)는 a와 b의 모든 공약수 중에서 가장 큰 수를 의미하고, 이 정수를 $\gcd(a, b)$로 나타낸다. 또한 $\gcd(a, b) = 1$일 때, a와 b는 **서로소**(relatively prime)라 부른다.

두 정수의 최대공약수와 관련된 다음의 성질은 추상대수에 중요한 역할을 한다. 이 정리의 증명은 나눗셈 알고리즘과 정렬원리의 '두번째' 응용을 제공한다. 이 결과는 기원전 300년 경에 쓰여진 유클리드의 'Elements'의 7번째 책(Book Seven)에 있는 명제 1이다.

정리 7.17 (GCD는 선형결합) 임의의 0이 아닌 두 정수 a와 b에 대하여,

$$\gcd(a, b) = as + bt \tag{7.3}$$

를 만족하는 두 정수 s와 t가 존재한다. 또한, $\gcd(a, b)$는 $as + bt$ 형태의 양의 정수 중에서 가장 작은 것이다.

[증명] 집합 $S = \{am + bn \mid m, n \in \mathbb{Z},\ am + bn > 0\}$를 고려하자. 그러면, 명백히 $S \neq \emptyset$이다. 정수의 정렬원리에 의하여, 집합 S는 최소원, $d = as + bt$을 가진다. 나눗셈 알고리즘에 의하여,

$$a = dq + r, \quad 0 \leq r < d$$

를 만족하는 두 정수 q와 r이 유일하게 존재한다. 한편

$$r = a - dq = a - (as + bt)q = a - asq - btq = a(1 - sq) + b(-tq)$$

이기때문에, 만일 $r > 0$이면, $r \in S$이고 $r < d$ 따라서 d가 S의 최소원이라는데 모순이다. 그러므로 $r = 0$이고 d는 a를 나눈다. 같은 방법으로 d는 b를 나눈다. 따라서 d는 a와 b의 공약수이다.

이제, a와 b의 또다른 공약수를 d'이라고 하자. 그러면, 적당한 두 정수 h와 k에 대하여 $a = d'h$이고 $b = d'k$이다. 이로부터 다음을 얻는다.

$$d = as + bt = (d'h)s + (d'k)t = d'(hs + kt)$$

그러므로 d'은 d의 약수이고 따라서 $\gcd(a, b) = d$이다. □

비록 위의 결과는 강력한 이론적인 도구이지만, $\gcd(a, b)$와 식 (7.3)의 특정한 값 s와 t를 계산하는 실제적인 방법을 제공하지는 못한다. 그러나 다음에 주어진 결과(유클리드 호제법)는 이러한 것을 가능케 해준다.

정리 7.18 (유클리드 알고리즘; Euclidean Algorithm) 임의의 두 양의 정수 a와 b에 대하여, 다음이 성립한다고 가정하자.

$$\begin{aligned} a &= bq_1 + r_1 & 0 < r_1 < b, \\ b &= r_1q_2 + r_2 & 0 < r_2 < r_1, \\ r_1 &= r_2q_3 + r_3 & 0 < r_3 < r_2, \\ &\vdots & \\ r_{k-2} &= r_{k-1}q_k + r_k & 0 < r_k < r_{k-1}, \\ r_{k-1} &= r_kq_{k+1} + 0 & \end{aligned}$$

그러면 $\gcd(a,b) = r_k$이다.

[증명] 정수 a, b, q, c에 대하여

$$a = bq + c \implies \gcd(a,b) = \gcd(b,c)$$

가 됨을 보이면 된다: $\gcd(a,b) = d$, $\gcd(b,c) = e$라고 하자. 그러면, $a = bq + c$, $e|b$, $e|c$임으로 $e|a$, $e|b$이고 따라서 $e|d$이다.

한편, $c = a - bq$, $d|a$, $d|b$임으로 $d|b$, $d|c$이고 따라서 $d|e$이다. 그러므로 $d = e$이다. □

예제 7.9 두 정수 a, b에 대하여 $a = b + (a - b)$가 됨으로 다음을 알 수 있다.

$$\gcd(a,b) = \gcd(b, a-b)$$

예를 들어,

$$\begin{aligned} \gcd(20,12) &= \gcd(12, 20-12) = \gcd(12,8) = \gcd(8,4) \\ &= \gcd(4,4) = \gcd(4,0) = 4. \end{aligned}$$

예제 7.10 $\gcd(2520, 154)$를 계산하기 위하여 이 과정을 적용하여 보자.

$$\begin{aligned} 2520 &= 154 \cdot 16 + 56, \\ 154 &= 56 \cdot 2 + 42, \\ 56 &= 42 \cdot 1 + 14, \\ 42 &= 14 \cdot 3. \end{aligned}$$

14가 마지막 0이 아닌 나머지이기 때문에, $\gcd(2520, 154) = 14$이다.

앞선 식은 $\gcd(a, b)$를 a와 b의 선형결합으로 표현하는 방법을 또한 제공한다. 이를 테면, 나머지를 2520과 154의 항으로 쓰기 위하여 위의 식을 이용할 수 있다. 즉,

$$\begin{aligned} 56 &= 2520 + 154 \cdot (-16), \\ 42 &= 154 + 56 \cdot (-2), \\ 14 &= 56 + 42 \cdot (-1) \\ &= 56 + [154 + 56 \cdot (-2)] \cdot (-1) \\ &= 56 \cdot 3 + 154 \cdot (-1) \\ &= [2520 + 154 \cdot (-16)] \cdot 3 + 154 \cdot (-1) \\ &= 2520 \cdot 3 + 154 \cdot (-49) \end{aligned}$$

정리 7.19 (유클리드 보조정리; Euclid's Lemma) 소수 p와 두 정수 a, b에 대하여, $p \mid ab$이면 $p \mid a$ 또는 $p \mid b$이다.

[증명] $p \mid ab$이지만 $p \nmid a$라고 가정하자. 그러면 $\gcd(a, p) = 1$이므로, $1 = as + pt$를 만족하는 정수 s와 t가 존재한다. 그러므로 $b = a(bs) + p(tb)$이고, 따라서 $p \mid a(bs) + p(tb) = b$이다. □

예제 7.11 유클리드 보조정리에서 p가 소수가 아닌 경우에는 명제가 일반적으로 성립하지 않는다. 이를 테면, $6 \mid 3 \cdot 4$이지만 $6 \nmid 3$이고 $6 \nmid 4$이다.

예제 7.12 일반적으로, p가 소수일 때, 전개식

$$(a+b)^p = \sum_{r=0}^{p} \binom{p}{r} a^{p-r} b^r$$

에서

$$\binom{p}{r} = \frac{p!}{r!(p-r)!} \qquad (1 \leq r \leq p-1)$$

는 모두 p의 배수이다. 실제로, $\binom{p}{r}$는 정수이고 $p! = \binom{p}{r} r!(p-r)!$이므로, $\binom{p}{r} r!(p-r)!$은 p의 배수이다. 그런데 $1 \leq r \leq p-1$일 때, $1 \leq p-r \leq p-1$이므로 $p \nmid r!$, $p \nmid (p-r)!$이고 따라서 $p \mid \binom{p}{r}$이다.

다음에 있는 정리 7.20은 소수가 모든 정수의 기초적인 토대가 된다는 것을 보여주고 있다. 여기서는 증명없이 진술을 받아드린다.

정리 7.20 (산술의 기본정리; Fundamental Theorem of Arithmetic)
1 보다 큰 임의의 정수는 소수이거나 또는 소수들의 곱으로 분해된다. 이 곱은 인수들의 나타난 순서를 무시한다면 유일하다. 다시 말해서, 만일 $n = p_1 p_2 \cdots p_r$이고 $n = q_1 q_2 \cdots q_s$이면, $r = s$이고 순서 재배열에 의하여 모든 i에 대하여 $p_i = q_i$을 얻을 수 있다.

예제 7.13 $360 = 2 \cdot 2 \cdot 2 \cdot 5 \cdot 3 \cdot 3 = 3 \cdot 3 \cdot 2 \cdot 2 \cdot 5 \cdot 2$

정 의 (표준분해) 양의 정수 n $(n \geq 2)$의 서로 다른 소인수가 $p_1, p_2, \ldots, p_r$뿐일 때, n은

$$n = p_1^{k_1} p_2^{k_2} \cdots p_r^{k_r} \quad (k_1 \geq 1,\ k_2 \geq 1,\ \ldots,\ k_r \geq 1)$$

으로 표현가능하다.

예제 7.14 $360 = 2^3 \cdot 3^2 \cdot 5$

정리 7.21 두 양의 정수 a, b가 주어져 있을 때, 이 두 양의 정수를 다음과 같은 꼴로 나타낼 수 있다.

$$a = p_1^{k_1} p_2^{k_2} \cdots p_t^{k_t}, \quad b = p_1^{l_1} p_2^{l_2} \cdots p_t^{l_t}$$

여기서, $p_1, p_2, \ldots, p_t$는 서로 다른 소수이고 $k_i \geq 0$, $l_i \geq 0$이다. 또한 이 경우, 다음이 성립한다.

(1) $\gcd(a, b) = p_1^{\min\{k_1, l_1\}} p_2^{\min\{k_2, l_2\}} \cdots p_t^{\min\{k_t, l_t\}}$

(2) $\mathrm{lcm}(a, b) = p_1^{\max\{k_1, l_1\}} p_2^{\max\{k_2, l_2\}} \cdots p_t^{\max\{k_t, l_t\}}$

(3) $\gcd(a, b)\mathrm{lcm}(a, b) = ab, \quad \gcd(a, b) = 1 \Longleftrightarrow \mathrm{lcm}(a, b) = ab$

2.5 합동식-모듈 연산

합동식의 개념은 독일의 대 수학자 가우스(Karl Friedrich Gauss, 1777-1855)가 19세기 초에 도입한 개념이다.

나눗셈 알고리즘의 또다른 중요한 응용은 **모듈연산**(modular arithmetic)이다. 이것은 우리가 흔히 사용하는 계수(counting) 방법의 추상화이다. 예를 들어, 지금이 9월일 때, 지금부터 25개월 후는 몇월인가? 물론, 답은 10월이지만 흥미로운 점은 지금 9월에서 시작하여 25개월을 계수하여 답에 이른 것이 아니라, 단지 $25 = 2 \cdot 12 + 1$을 주목하고 9월에 한달을 더하였다. 유사하게, 요일의 계수, 시간의 계수 등. 놀랍게도, 이러한 단순한 아이디어는 수학분야나 컴퓨터과학에 수만은 중요한 응용력을 지닌다.

정 의 고정된 양의 정수 m과 두 정수 a, b에 대하여, 만일 $a - b$가 m으로 나누어질 때, a와 b는 **법** (modulus) m**에 관하여 합동**(congruent modulo m)이라 하고

$$a \equiv b \pmod{m}$$

으로 나타낸다.

예제 7.15 (1) $6 \equiv -1 \pmod{7}$

(2) 시계: $13 \equiv 1 \pmod{12}$

정리 7.22 고정된 양의 정수 m에 대하여 정수의 집합 위에 정의된 합동관계 $x \equiv y \pmod{m}$는 다음을 만족한다. 즉, 동치관계이다. 임의의 정수 a, b, c에 대하여,

(C1) $a \equiv a \pmod{m}$

(C2) $a \equiv b \pmod{m} \implies b \equiv a \pmod{m}$

(C3) $a \equiv b \pmod{m},\ b \equiv c \pmod{m} \implies a \equiv c \pmod{m}$

[증명] (C1) 당연히 $m \mid (a-a)$이므로 $a \equiv a \pmod{m}$이다.

(C2) $a \equiv b \pmod{m}$이면, $m \mid (a-b)$이므로 $m \mid (b-a)$이고, 따라서 $b \equiv a \pmod{m}$이다.

(C3) $a \equiv b \pmod{m}$, $b \equiv c \pmod{m}$이면, $m \mid (a-b)$이고 $m \mid (b-c)$이다. 따라서

$$m \mid (a-b)+(b-c) = a-c$$

이고 따라서 $a \equiv c \pmod{m}$이다. □

정리 7.23 양의 정수 m과 정수 a, b, c, d에 대하여,

$$a \equiv b \pmod{m},\ \ c \equiv d \pmod{m}$$

이면, 다음이 성립한다.

(1) $a \pm c \equiv b \pm d \pmod{m}$

(2) $ac \equiv bd \pmod{m}$

[증명] $a \equiv b \pmod{m}$, $c \equiv d \pmod{m}$라고 가정하자. 이로부터 $m \mid (a-b)$이고 $m \mid (c-d)$이다. 따라서

$$m \mid (a-b) \pm (c-d) = (a \pm c) - (b \pm d)$$

$$m \mid (a-b)c + (c-d)b = ac - bd$$

이고 따라서 원하는 결과를 얻는다. □

예제 7.16 (1) $2^30 + 1$은 41의 배수이다.
(2) $1! + 2! + \cdots + 99! + 100!$을 10으로 나눈 나머지를 구하여라.
(3) 1부터 48까지의 수 중에서 7의 배수를 제외한 나마지 수들을 모두 곱합 후 이를 7로 나눈 나머지를 구하여라.

예제 7.17 양의 정수

$$\begin{aligned} a &= a_n a_{n-1} \cdots a_1 a_{0(10)} \\ &= a_n 10^n + a_{n-1} 10^{n-1} + \cdots + a_1 10 + a_0 \end{aligned}$$

에 대하여,

(a) a를 2^k, 5^k $(k \geq 1)$로 나눈 나머지를 구해보자:

$$2 \mid 10,\ 5 \mid 10,\ 2^k \mid 10^k,\ 5^k \mid 10^k$$

이기 때문에

$$\begin{aligned} a &\equiv a_{k-1} 10^{k-1} + \cdots + a_1 10 + a_0 \pmod{2^k}\ (1 \leq k \leq n) \\ &= a_{k-1} \cdots a_1 a_{0(10)} \pmod{2^k} \\ a &\equiv a_{k-1} 10^{k-1} + \cdots + a_1 10 + a_0 \pmod{5^k}\ (1 \leq k \leq n) \\ &= a_{k-1} \cdots a_1 a_{0(10)} \pmod{5^k} \end{aligned}$$

(b) a를 3, 9, 11로 나눈 나머지를 구해보자:

$$\begin{aligned} &10 \equiv 1 \pmod 3, \quad 10 \equiv 1 \pmod 9, \quad 10 \equiv -1 \pmod{11}, \\ &10^k \equiv 1 \pmod 3, \quad 10^k \equiv 1 \pmod 9, \quad 10^k \equiv (-1)^k \pmod{11} \end{aligned}$$

이므로 다음을 얻는다.

$$\begin{aligned} a &\equiv a_n + a_{n-1} + \cdots + a_1 + a_0 \pmod 3 \\ a &\equiv a_n + a_{n-1} + \cdots + a_1 + a_0 \pmod 9 \\ a &\equiv a_0 - a_1 + \cdots + (-1)^n a_n \pmod{11} \end{aligned}$$

예제 7.18 모듈연산은 위조나 오류를 찾는 목적으로, 인증번호 (identification number)에 여분의 숫자를 할당하는데 자주 사용된다.

책마다 국제 표준 서적 번호 ISBN(International Standard Book Number)가 정해져 있다. 그림 7.4의 ISBN 89-7282-649-9에서 89는 사용하고 있는 언어를, 7282는 출판사, 649는 출판사가 이 책에 지정한 번호를 나타낸다. 그리고 끝에 있는 수 9는 오류가 있는 지를 검사하는데 쓰이는 정수(check digit)를 의미한다.

그림 7.4: ISBN

실제로 끝에 있는 수 9은 다음과 같이 구한다.

$$\begin{aligned}&1\cdot 8+2\cdot 9+3\cdot 7+4\cdot 2+5\cdot 8+6\cdot 2+7\cdot 6+8\cdot 4+9\cdot 9\\&\quad = 262 \equiv 9 \pmod{11}\end{aligned}$$

예제 7.19 (시저형 암호 체계)

평문(plaintext)	P=I LOVE YOU
암호문(ciphertext)	C=RUXENHXC

이것을 수학적으로 표현해보자.

(1) 평문의 각 문자 아래의 표를 보고 0부터 25까지의 정수를 대응시켜 정수 열을 만들자:

$$8 \quad 11 \quad 14 \quad 21 \quad 4 \quad 24 \quad 14 \quad 20$$

문자	A	B	C	D	E	F	G	H	I	J	K	L	M
숫자	0	1	2	3	4	5	6	7	8	9	10	11	12
문자	N	O	P	Q	R	S	T	U	V	W	X	Y	Z
숫자	13	14	15	16	17	18	19	20	21	22	23	24	25

(2) 이 정수 열의 각 원소에 열쇠 $K = 9$를 더한 후 26으로 나눈 나머지를 구한다:

$$17 \quad 20 \quad 23 \quad 4 \quad 13 \quad 7 \quad 23 \quad 3$$

(3) 구한 값을 위의 표를 보고, 다시 문자로 바꾼다.

이제, 위에 주어진 암호문을 복호화 해보자.

(1) 암호문을 위의 표를 보고 정수 열을 만들자:

$$17 \quad 20 \quad 23 \quad 4 \quad 13 \quad 7 \quad 23 \quad 3$$

(2) 이 정수 열의 각 원소에 9를 뺀 후 26으로 나눈 나머지를 구한다:

$$8 \quad 11 \quad 14 \quad 21 \quad 4 \quad 24 \quad 14 \quad 20$$

(3) 구한 값을 위의 표를 보고, 다시 문자로 바꾼다.

일반적으로, 시저형 암호 체계를 다음과 같다.

열쇠(key)	$K = k$
암호화 함수	$E(x) = x + k \pmod{26}$
복호화 함수	$D(x) = x + k \pmod{26}$

예제 7.20 양의 정수 n의 배수를 5로 나눈 나머지를 생각하여 봅시다. 예를 들어, 2의 배수를 5로 나눈 나머지는 $0, 2, 4, 1, 3$이 반복됩니다.

(1) $n = 1, 3, 4, 5, 6, \ldots$ 각각의 배수에 대해서도 5로 나눈 나머지에 어떤 규칙이 있는지 알아보세요.

(2) 규칙을 다 찾았다면 이번에는 2의 배수에서 나온 숫자에서 5로 나눈 나머지를 방향을 고려해서 나타내면 다음과 같습니다. 여기서 방향을 고려해야하기 때문에 5로 나눈 나머지를 반시계 방향으로 표시한다고 약속합시다.

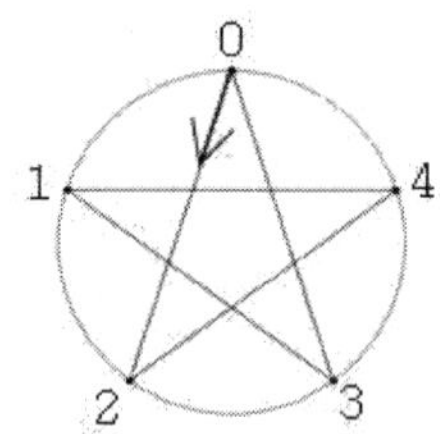

방향성을 고려했을 때 몇 가지 모양이 나오나요? 방향을 고려하지 않았을 때 같은 모양끼리는 어떤 규칙이 있나요?

■ 연습문제 7.2

1. 정수 a, b, c에 대하여, 다음을 증명하여라.
   (a) $(a+b)+c = a+(b+c)$ (b) $a+b=b+a$
   (c) $(ab)c = a(bc)$ (d) $ab = ba$
   (e) $a(b+c) = ab+ac$

2. 모든 정수 $a \in \mathbb{Z}$에 대하여, $a\,1 = a = 1\,a$를 만족하는 정수 $1\,(\neq 0)$이 존재함을 밝혀라.

3. 정수 $a(\neq 0), b, c$에 대하여, 다음을 증명하여라.

$$ab = ac \implies b = c$$

4. 임의의 정수 a, b에 대하여, $a < b,\ a = b,\ a > b$ 중 하나만 성립함을 보여라.

5. 정수 a, b, c에 대하여, 만일 $a \mid b$이고 $a \mid c$이면 임의의 정수 x, y에 대하여 $a \mid (bx + cy)$가 성립함을 밝혀라.

6. -1을 7로 나눈 나머지를 구하여라.

7. $\gcd(105, 300)$을 구하고, 또한 $\gcd(105, 300) = 105s + 300t$를 만족하는 정수 s와 t를 구하여라.

8. 양의 정수 m과 정수 $a_1, \ldots, a_n, b_1, \ldots, b_n, a, b$에 대하여 다음이 성립함을 보여라.

   (a) $a_i \equiv b_i \pmod{m}$ $(1 \le i \le n)$이면,

$$a_1 + \cdots + a_n \equiv b_1 + \cdots + b_n \pmod{m}$$
$$a_1 \cdots a_n \equiv b_1 \cdots b_n \pmod{m}$$

   (b) $a \equiv b \pmod{m}$이면, $a^n \equiv b^n \pmod{m}$이다.

9. 다음 ISBN 중에서 옳은 것을 찾아라.

   (a) 89 – 7282 – 572 – 8 (b) 0 – 395 – 86179 – 9

3 유리수

3.1 동치관계

정 의 집합 $\mathbb{Z} \times (\mathbb{Z} \setminus \{0\})$에서의 관계를 다음과 같이 정의한다. 임의의 두 순서쌍 $(a, b), (c, d) \in \mathbb{Z} \times (\mathbb{Z} \setminus \{0\})$에 대하여,

$$(a, b) \sim (c, d) \iff ad = bc$$

예제 7.21 $(1, 2) \sim (4, 8)$, $(1, 2) \nsim (4, 9)$

정리 7.24 위의 정의에 있는 이항관계 $\sim$은 집합 $\mathbb{Z} \times (\mathbb{Z} \setminus \{0\})$에서의 동치관계이다.

[증명] (a) R은 반사적이다: 각 $(a, b) \in A$에 대하여, $ab = ba$.

(b) R은 대칭적이다: $ad = bc \implies cb = da$.

(c) R은 추이적이다: $ad = bc,\ cf = de \implies af = be$. □

정 의 정리 7.24에 의하여 집합 $\mathbb{Z} \times (\mathbb{Z} \setminus \{0\})$은 동치류들로 분할된다. 각 원소 $(a, b) \in \mathbb{N} \times \mathbb{N}$의 동치류를 $[(a, b)]$로 나타내면, 상집합은

$$\mathbb{Q} := \mathbb{Z} \times (\mathbb{Z} \setminus \{0\})/\sim = \{[(a, b)] : (a, b) \in \mathbb{Z} \times (\mathbb{Z} \setminus \{0\})\}.$$

상집합의 원소인 각 동치류 $[(a, b)]$를 **유리수**(有理數; rational number)라고 한다.

예제 7.22 $[(1, 2)] = \{(x, y) : y = 2x\} = \{(\pm 1, \pm 2), (\pm 2, \pm 4), \ldots\}$

3.2 유리수의 연산

정리 7.25 임의의 $(a, b), (a', b'), (c, d), (c', d') \in \mathbb{Z} \times (\mathbb{Z} \setminus \{0\})$에 대하여, 만일

$$(a, b) \sim (a', b') \text{ 이고 } (c, d) \sim (c', d')$$

이면

(1) $(ad + bc, bd) \sim (a'd' + b'c', b'd')$

(2) $(ac, bd) \sim (a'c', b'd')$

[증명] 먼저, 가정에 의해서 다음 사실을 얻는다.

$$ab' = ba', \; cd' = dc' \tag{7.4}$$

(1) 식 (7.4)에 의해서

$$\begin{aligned}(ad + bc)b'd' &= adb'd' + bcb'd' = (ab')dd' + bb'(cd') \\ &= (ba')dd' + bb'(dc') \\ &= bd(a'd' + b'c')\end{aligned}$$

(2) 식 (7.4)에 의해서

$$acb'd' = (ab')(cd') = (ba')(dc') = bda'c'$$

□

정리 7.25에 의하여 다음 정의에 있는 이항연산은 잘 정의된 연산이 된다.

정 의 임의의 $[(a,b)], [(c,d)] \in \mathbb{Q}$에 대하여, 덧셈, 곱셈 및 순서는 다음과 같이 정의한다.

- 덧셈: $[(a,b)] + [(c,d)] = [(ad+bc, bd)]$
- 곱셈: $[(a,b)] \cdot [(c,d)] = [(ac, bd)]$
- 대소관계: $[(a,b)] \leq [(c,d)] \iff ad \leq bc$

주의 유리수의 연산에서 다음을 알 수 있다.

(1) $[(0,n)] \in \mathbb{Q}$는 덧셈에 대한 항등원이다.

(2) 각 원 $[(a,b)] \in \mathbb{Q}$은 덧셈에 대한 역원 $[(-a,b)]$을 가진다.

(3) $[(n,n)] \neq [(0,m)] \in \mathbb{Q}$

(4) $[(n,n)] \in \mathbb{Q}$는 곱셈에 대한 항등원이다.

(5) 각 원 $[(a,b)](a \neq 0) \in \mathbb{Q}$은 곱셈에 대한 역원 $[(b,a)]$를 가진다.

3.3 정수의 확장으로서의 유리수

유리수의 집합 $\mathbb{Q}$가 정수의 집합 $\mathbb{Z}$을 확장한 것으로 되기 위해서는 (순서관계를 포함하는)대수적인 구조를 보존해주는 $\mathbb{Z}$에서 $\mathbb{Q}$로의 일대일 함수가 존재함을 보여주면 된다.

이를 위해서, 정수의 집합 $\mathbb{Z}$에서 유리수의 집합 $\mathbb{Q}$로의 함수를 다음과 같이 정의하자.

$$f : \mathbb{Z} \to \mathbb{Q} := \mathbb{Z} \times (\mathbb{Z} \setminus \{0\}) / \sim, \ n \mapsto f(n) = [(n,1)]$$

그러면 f는 일대일 함수가 됨을 쉽게 알 수 있다. 따라서 우리는 정수의 집합 $\mathbb{Z}$와 상집합

$$f(\mathbb{Z}) = \{[(n,1)] : n \in \mathbb{Z}\} \subset \mathbb{Q}$$

은 일대일 대응이 된다. 또한 정수의 덧셈, 곱셈 및 순서관계도 f에 의해서 잘 보존됨을 쉽게 알 수 있다. 즉,

- $n + m \iff [(n,1)] + [(m,1)]$
- $n \cdot m \iff [(n,1)] \cdot [(m,1)]$
- $n \leq m \iff [(n,1)] \leq [(m,1)]$

앞에서 살펴본 사실로부터 정수 n과 그 상 $[(n,1)]$을 동일 시 할 수 있다. 따라서 유리수의 집합이 정수집합의 자연스러운 확장임을 알 수 있다.

■ 연습문제 7.3

1. 유리수 a, b, c에 대하여, 다음을 증명하여라.
   (a) $(a+b)+c = a+(b+c)$ (b) $a+b = b+a$
   (c) $(ab)c = a(bc)$ (d) $ab = ba$
   (e) $a(b+c) = ab+ac$
2. 임의의 유리수 a, b에 대하여, $a < b,\ a = b,\ a > b$ 중 하나만 성립함을 보여라.
3. 유리수 a, b, c에 대하여, 다음을 증명하여라.
   (a) $a < b,\ b < c \implies a < c$ (b) $a < b \implies a+c < b+c$
   (c) $a < b,\ 0 < c \implies ac < bc$
4. 유리수의 조밀성을 증명하여라.
5. 유리수 범위에서 나눗셈 알고리즘(정리 7.16)가 의미를 가지는가?

읽기 자료: 이집트 파피루스에 있는 수학[2]

테베(Thebes)의 무덤에서 발견된 파피루스 두루마리 중 하나는 1858년 이집트의 룩소르(Luxor)에 있는 시장에서 스코틀랜드인 Henry Rhind가 구입했다. 그가 사망한 후 이 파피루스 두루마리는 1864년 런던의 대영 박물관 (British Museum)에 소장되었고 이후로 'Rhind 파피루스' 또는 Ahmes를 기념하여 'Ahmes 파피루스'로 언급되어 오고 있다. Ahmes에 따르면 이 파피루스는, 자신의 저작물이 아니며 자신은 단지 필경사(scribe)라고 주장 하면서, 기원전 약 2000년의 초기의 것이라고 말하고 있다. 이 파피루스 두루마리는 이집트 수학에 대한 주요 정보 출처이다.[3]

그림 7.5: Rhind 파피루스

1. 이집트 숫자

약 5,000년 전, 고대 이집트인들은 수를 나타내기 위해서 그림7.6과 같은 상형문자를 사용하였다.

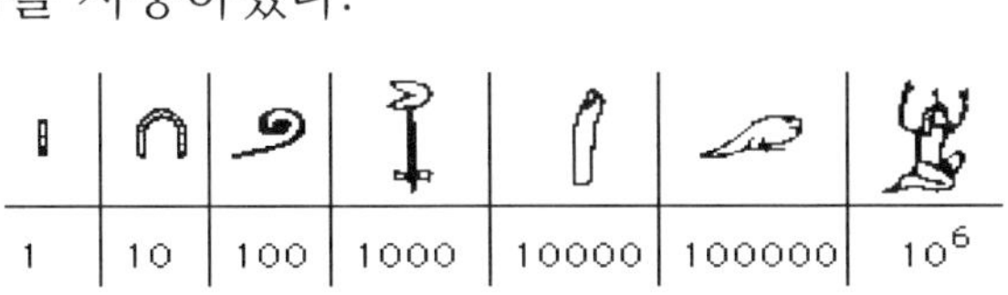

그림 7.6: 이집트 숫자

예를 들어, 1321은 다음과 같이 나타내었다.

[2]http://www-history.mcs.st-and.ac.uk/HistTopics/Egyptian_papyri.html

[3]http://www-history.mcs.st-and.ac.uk/ history/Biographies/Ahmes.html

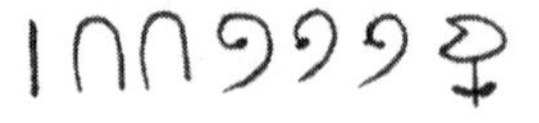

그림 7.7: 1321

이집트인들은 주어진 무엇을 분배할 때 이것을 나눗셈의 문제로 다루었다. 예를 들어, 주어진 한 덩어리의 빵을 4명의 사람에게 분배할 때 각 사람이 받을 수 있는 부분은 얼마인가? 즉, 몫이 얼마인가? 이집트인들은 이것을 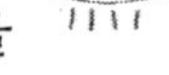 로 나타내었다. 그림 7.8은 지금 우리의 표현으로 $1 \div 23$ 또는 $\frac{1}{23}$을 나타내고 있다.

그림 7.8: $\frac{1}{23}$

그러면, 3개의 빵을 5명에게 나누어 주는 경우의 한 사람당 가지는 양 즉, 현대의 표현인 $3 \div 5$는 어떻게 나타냈을까? 불행하게도 단위분수가 아닌 분수를 나타내는 기호를 가지고 있지 않았다. 그래서 그들에서 적절한 수학적인 계산이 요구되었다.

2. 이집트 곱셈과 나눗셈

Rhind 파피루스에서 Ahmes는 다음과 같은 방법으로 곱셈의 방법을 설명하고 있다. 예를 들어, 21×43을 계산하다고 하자. 다음과 같이 두 배하는 전략을 사용한다.

21	43
1	43
2	86
4	172
8	344
16	688

$32 > 21$이기 때문에, 왼쪽열 막지막 수 16를 넘을 필요가 없다. 또한 $21 = 16 + 4 + 1$이기 때문에, 오른쪽 열에서 $16, 4, 1$에 대응되는 수만 선택하고 이들을 더하면 된다.

	21	43
$\surd$	1	43
	2	86
$\surd$	4	172
	8	344
$\surd$	16	688
		903

순서를 바꿔 계산하여도 결과는 같다.

	43	21
$\surd$	1	21
$\surd$	2	42
	4	84
$\surd$	8	168
	16	336
$\surd$	32	672
		903

이집트 곱셈 계산법이 수학적으로 의미를 가지려면, '모든 수는 2의 멱(power)들의 합이다'는 사실을 알고 있어야한다. 고대 이집트 사람들은 이러한 사실을 알고 있었을까? 아마도 증명도 없었고 또한 증명이 필요한 이유도 알지 못했을 것이다. 단지 그들은 이것이 항상된다는 실제적인 경험으로부터 알았을 것이다. 근본적으로 자연수의 2진법 전개가 해법이다. 위의 예에서

$$21 = 1 \times 2^4 + 0 \times 2^3 + 1 \times 2^2 + 0 \times 2^1 + 1 \times 2^0 = 10101_{(2)}$$

이고

$$43 = 1 \times 2^5 + 0 \times 2^4 + 1 \times 2^3 + 0 \times 2^2 + 1 \times 2^1 + 1 \times 2^0 = 101011_{(2)}$$

나눗셈의 경우 또한 2배 전략으로 계산 할 수 있다. 예를 들어, $1992 \div 83$을 계산하여 보자.

1	83
2	166
4	332
8	664
16	1328

오른쪽 열 마지막 수의 2배는 1992을 넘기때문에 이시점에서 그만한다. 오른쪽 열에서 $1328 + 664 = 1992$이기 때문에 왼쪽 열에서 1328, 664에 대응되는 수를 선택하고 이를 모두 더하면 된다.

	1	83
	2	166
	4	332
$\surd$	8	664
$\surd$	16	1328
	24	

두 수의 나눗셈에서 나누어 떨어 지지 않는 경우에는 어떤 일이 일어날까? 예를 들어, $2000 \div 83$을 계산해 보자.

1	83
2	166
4	332
8	664
16	1328

	1	83
	2	166
	4	332
$\surd$	8	664
$\surd$	16	1328
	$24\frac{8}{83}$	

오른쪽 열 마지막 수의 2배는 2000을 넘기때문에 이시점에서 그만한다. 오른쪽 열에서 $1328 + 664 = 1992$이기 때문에 왼쪽 열에서 1328, 664

에 대응되는 수를 선택하고 이를 모두 더하면 24가 된다. 그러나 $2000 - 1992 = 8$이기 때문에, 답은 $24\frac{8}{83}$이 된다.

3. 이집트 분수[4]

그림으로 나누기 세개의 빵을 다섯명이 공평하게 나누는 경우를 생각해보자. 각 빵을 다섯개의 조각으로 공평하게 나누고 각 사람에게 각 빵의 한 조각을 각 사람에게 주면된다. 모든 사람은 각 빵의 $1 \div 5$인 세 조각의 빵을 받는다. 그림으로 표현하면 다음과 같다.

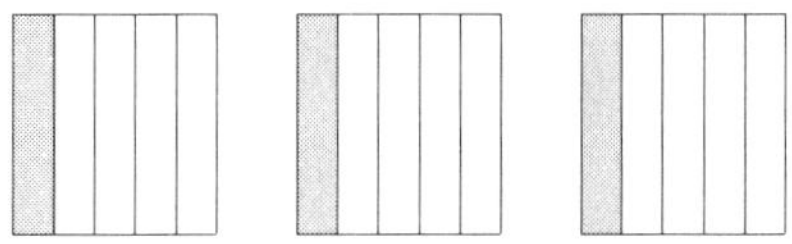

우리는 한 사람이 받은 양을 이집트 사람들이 사용한 상형문자로 표현하면, 각 조각에 대한 하나의 기호를 사용하여, 다음과 같이 표현하였을 것이라고 생각할 수 있다.

비록 그들이 덧셈을 표현하기 위해서 서로 옆에 기호를 썼을 지라도, 그들은 하나의 양을 표현함에 반복해서 같은 기호를 사용하는 것을 허용하지 않았다. 그들은 다른 표현을 사용했을 것이고 따라서 다른 방법이 필요하다. 실제로, 그들은 $3 \div 5$를 다음과 같이 표현하였다.

세개의 빵을 다섯 사람에게 공평하게 분배하는 과정을 살펴보자.

[4]Student Explorations in Mathematics, March 2013, NCTM

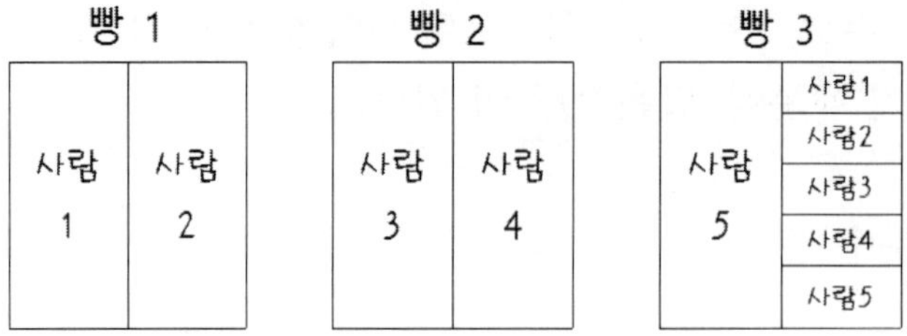

이집트 사람들은 실제로 반에 대한 다른 기호  를 사용하였다. 따라서 그들은 $3 \div 5$의 실제적인 표현은 그림 7.9와 같다.

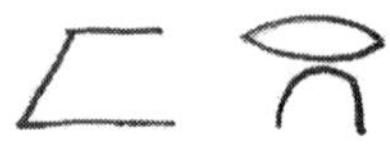

그림 7.9: $3 \div 5$

또 다른 예로, 이집트인의 방법을 사용하여, 네 개의 피자를 다섯 명의 사람이 공평하게 나누는 것을 생각해보자.

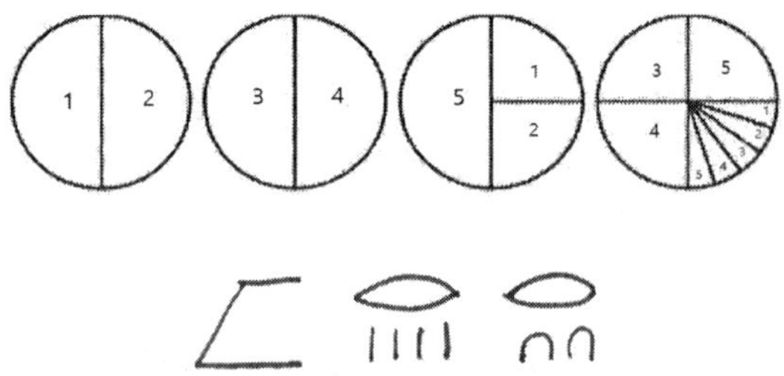

그림 7.10: $4 \div 5$

고대 이집트인의 아이디어에 대한 현대적 표현 앞에서 다룬 분배의 문제를 살펴보면, 고대 이집트에서는 실제로 분수를 다루고 있었다는 사실을 알 수 있다. 네 개의 피자를 다섯 명의 사람이 공평하게 나누는 문제는 현대적인 표현 $\frac{4}{5}$을 나타낼 수 있다. 대부분의 경우 이집트인의 기호는 단지 단위분수(unit fraction)만이 사용되었다. 단위분수가 아닌 분수는 점차적으로 더 작은 단위분수들의 합을 사용해서 같은 분수의 반복없이 나타내었다. 예를 들어, 네 개의 피자를 다섯 명의 사람이 공평하게 나눌 때, 한 사람이 받는 몫을 현대적인 표현으로 나타내면

$$\frac{4}{5} = \frac{1}{2} + \frac{1}{4} + \frac{1}{20}$$

이다. 이 표현을 '이집트인 분수'라고 부르자.

이집트인들의 단위분수가 아닌 분수를 나타내는 몇개의 기호를 가지고 있었다. 그 중에 하나가 $\frac{2}{3}$인데,  로 나타내었다. 따라서 $\frac{5}{6}$ 대해서 다음과 같은 두 가지의 이집트인 분수 표현이 가능하다.

$$\frac{1}{2} + \frac{1}{3} \quad \text{또는} \quad \frac{2}{3} + \frac{1}{6}$$

예제 7.23 (1) 똑같은 크기의 사과 3개를 7명에게 똑같이 나누어줄 때, 1명이 받는 사과의 양을 이집트인 분수로 나타내어라.

(2) $\frac{3}{4}$에 대한 두 가지의 이집트인 분수를 만들어라.

(3) 원판 접기 아이디어를 이용하여, 다음 식

$$\frac{2^n - 1}{2^n} = \sum_{k=1}^{n} \frac{1}{2^k}$$

이 성립함을 설명하라.

(4) 여러 가지 분수 비교전략을 사용하여, 다음 분수

$$\frac{11}{13}, \frac{3}{5}, \frac{3}{7}, \frac{8}{14}, \frac{9}{16}, \frac{8}{10}$$

들을 크기 순으로 나열하시오. (단, 사용한 전략을 적어야 되고, 연산에 의한 계산전략은 가능한 사용하지 말것)

읽기 자료: 소수(Prime)

1. 소수의 개수

정리 7.26 (유클리드) 소수는 무한히 많다.

[증명] 유한개의 소수만이 존재한다고 가정하자. 편리를 위해서, 유한개의 서로 다른 소수를 $p_1, p_2, \ldots, p_n$이라고 하자. 이제

$$a = p_1 p_2 \cdots p_n + 1$$

이라고 하면, $a \geq 2$이므로 a의 소인수 p가 존재한다(왜?). 그런데 소수는 $p_1, p_2, \ldots, p_n$뿐이므로, p는 이들 중 어느 하나와 일치한다. 따라서 $p \mid a$, $p \mid p_1 p_2 \cdots p_n$이므로, 연습문제 6.2의 5번에 의하여

$$p \mid a + p_1 p_2 \cdots p_n(-1) = 1$$

을 얻게 되어 $p > 1$에 모순이 된다. 그러므로 소수는 무한히 많다. □

2. 에라토스테네스의 체

소수를 구하는 잘 알려진 수학적인 방법은 없다. 주로 일종의 체(sieve)를 이용하여 구하는 데, 널리 알려진 체는 고대 그리스의 에라토스테네스 (Eratosthenes; B. C. 200)의 체이다. 이것은 다음의 정리에 그 근거를 두고 있다.

정리 7.27 양의 정수 n이 합성수이면, n의 소인수 중에는 $p \leq \sqrt{n}$인 소인수 p가 존재한다. 즉, n은 $\sqrt{n}$보다 작거나 같은 소수의 배수이다.

[증명] 양의 정수 n이 합성수이면, $n = de,\ 1 < d \leq e < n$인 두 정수 d, e가 존재하고, 이때 $1 < d^2 \leq de = n$이므로 $1 < d \leq \sqrt{n}$이다. 그리고 정리 **??**에 의하여 d의 소인수 p가 존재한다. 따라서 $p \mid d$, $d \mid n$이므로 $p \mid n$이고 또한 $p \leq d \leq \sqrt{n}$이다. □

예제 7.24 50이하의 정수 중에서 합성수는 소수 $2, 3, 5, 7$중 어느 하나의 배수이다.

3. 소수 정리

다음 정리는 Gauss가 1793년에 예측하였고, 1896년네 프랑스 수학자 아다마르(Hadamard)와 벨기에 수학자 de la Vallée-Poussin이 독립적으로 이 정리를 증명하였다.

정리 7.28 (소수정리; Prime number Theorem) 양의 실수 x에 대하여 x보다 작거나 같은 소수 전체의 개수를 $\pi(x)$라고 하면 다음이 성립한다.

$$\lim_{x\to\infty} \frac{\pi(x)\ln x}{x} = 1$$

4. Fermat의 마지막 정리

정리 7.29 (Fermat의 마지막 정리) $n \geq 3$인 정수 n에 대하여, 부정방정식

$$x^n + y^n = z^n$$

의 양의 정수해는 존재하지 않는다.

이 정리를 페르마의 대정리라고도 한다. 350여년 동안 수많은 수학들의 노력 끝에 1993년에 이르러서야 영국의 수학자 와일즈(Andrew Wiles)에 의하여 증명되었다. 200페이지 정도의 그의 증명은 환론(ring theory)와 군론(group theory)에 깊게 의지하고 있다.

참고문헌

[1] 교육부. 초등수학교과서 서울: 천재교육, 2015.

[2] 곽진호·이재운, 조합적 곡면위상론I (제2판), 경문사, 2003.

[3] 김명환·김홍종, 현대수학입문, 경문사, 2001.

[4] 김응태·박승안, 정수론 제5판, 경문사, 2004.

[5] 김해규·최근배·현종익, 초등학교 교사를 위한 수학 기초론, 교우사, 2009.

[6] 우정호, 학교 수학의 교육적 기초, 서울대학교출판부, 2006.

[7] 이장우, 현대집합론의 원리, 경문사, 1983.

[8] 최근배·안선영, 선생님 이산수학이 뭐예요?, 교우사, 2010.

[9] 황석근·이재돈·김익표, 이산수학, (주)블랙박스, 2001.

[10] 현종익, 초등수학교육기초론, 경문사, 2001.

[11] Blasjo, V. *The Evolution of the Isoperimetric Problem*, The American Mathematical Monthly, 112, pp. 526-566.

[12] Evan M. Maletsky et al., Harcourt Math (Math-Grade 4), Harcourt, Inc, 2002.

[13] Gallian J. A., Contemporary Abstract Algebra 4th ed., Houghton Mifflin Company, Boston, 1998.

[14] Cameron P. J., Combinatorics: Topics, Techniques, Algorithms, Cambridge Univ. Press, 1994.

[15] Kosniowski C., A first course in algebraic topology, Cambridge Univ. Press, 1980.

[16] Pinter C. C., Set Theory, Addison-Wesley Publishing Company, Inc., 1971.

[17] Robin J. W. & John J. W., Graphs: an Introductory Approach, John Wiley & Sons, 1990.

찾아보기

김 해 규

경북대학교 대학원 수학과 해석학전공(이학박사)

현재 : 제주대학교 교육대학 초등교육학과 수학교육전공 교수

최 근 배

경북대학교 대학원 수학과 위상수학전공(이학박사)

현재 : 제주대학교 교육대학 초등교육학과 수학교육전공 교수

현 종 익

계명대학교 대학원 수학과 기하학전공(이학박사)

제주교육대학교 총장

현재 : 제주대학교 교육대학 초등교육학과 수학교육전공 교수

초등학교 교사를 위한 수학 입문

2017년 2월 27일 초판 인쇄
2017년 3월 02일 초판 발행

저 자 / 김해규·최근배·현종익
발행자 / 오판근
발행처 / (주)교 우

주 소 / 서울특별시 동대문구 약령시로 8 교우빌딩 2층
전 화 / 925-2861~2, 편집부 / 925-2825, 홈쇼핑 / 969-5762
팩 스 / 925-2860

E-mail / kyowoo@kyowoo.co.kr
홈페이지 / http://www.kyowoo.co.kr
북스토어(쇼핑몰) / http://www.kyowoo.co.kr

등록 / 1994. 3. 24 제1994-000013호

ISBN 979-11-251-0198-7 (93410)

값 15,000원